Klar kann ich das!

Kinder machen Musik

Avery Hart und Paul Mantell

**Wippen und Schnippen
von Haydn bis HipHop**

Verlag an der Ruhr

Impressum

Titel:
Klar kann ich das!
Kinder machen Musik
Wippen und Schnippen von Haydn bis HipHop

Titel der amerikanischen Originalausgabe:
KIDS MAKE MUSIC
Clapping & Tapping from Bach to Rock!
Copyright © 1993 by Avery Hart and Paul Mantell
Illustrations by Lorreta Trezzo-Braren
All rights reserved.

Authorized translation from the English language edition published by Williamson Publishing Co., 1993

© für die deutschsprachige Ausgabe beim Verlag an der Ruhr
Postfach 10 22 51, D–45422 Mülheim an der Ruhr
Alexanderstr. 54, D–45472 Mülheim an der Ruhr
Tel.: 02 08–43 95 40, Fax: 02 08–439 5 439
E-Mail: info@verlagruhr.de, www.verlagruhr.de

© Verlag an der Ruhr 2001

ISBN 3-86072-650-1

Autoren: Avery Hart und Paul Mantell
Druck: Druckerei Uwe Nolte, Iserlohn
Übersetzung: Rita Kloosterziel

Die Schreibweise der Texte folgt der reformierten Rechtschreibung.

Inhaltsverzeichnis

© Verlag an der Ruhr · Postfach 10 22 51 · 45422 Mülheim an der Ruhr · www.verlagruhr.de

© Verlag an der Ruhr · Postfach 10 22 51 · 45422 Mülheim an der Ruhr · www.verlagruhr.de

Danksagung

Dieses Buch ist in Liebe und Dankbarkeit zwei Menschen gewidmet: Jonathan Meyer für einen ersten, aber riesengroßen Schritt, und Phyllis Segal für die Distanz. Im Schein des Lichts zeigte sich der Keim der Freude in allem, was ich entdeckte. Leuchtet weiter! ... Avery

Unser tief empfundener Dank und unsere Anerkennung gelten Susan Williamson für ihren außergewöhnlichen Ideenreichtum und für ihre Herzlichkeit; E. L Doctorow für seine einzigartige und zaubergleiche Kreative-Schreib-Methode; Susan Cohen und Writer's House, die dieses Buch möglich gemacht haben; Barry Berg für seine herzliche und kluge Unterstützung; Liza DiSavino, Cathleen Bullivant, Elliott Raines und Katherine Hannauer für ihre musikalischen Fachkenntnisse und Louis D'Amico für die Trommelkadenzen. Dank auch an Steve Blucher, Amanda George, Andrew Howard, Ray Leslee und Tom Colao und das New World Quintett für ihre musikalischen Inspirationen; an Victoria La Fortune für eine Freundschaft, wie es sie nur selten gibt und für ihre optimistische Unterstützung bei all unseren Unterfangen; an Maria Avitable dafür, dass sie seit Jahren an uns beide glaubt; an Linda Halper für ihre einfühlende Fürsorge und ihre praktische Hilfe, Jeremy Halper für die Idee zu „Tanzvergnügen im Wohnzimmer" und Ron und Zachary Halper für ihre Freundschaft und ihre Liebe zur Musik; an die unermüdlich tanzenden, nie älter werdenden Abe und Vivian Halprin und Mildred und Jack MacGeachie; an Fran Rogers und Amina Jannah für ihr Wissen rund um das Thema „Tanz"; an Jyoti Chrystal und Jason Martin für das Feuer; an Adele Getty für den Gesang an den Großen Geist.

An letzter Stelle in dieser Liste, doch an erster Stelle in unseren Herzen danken wir unseren Söhnen Mattew Mantell für seine zahlreichen fantasievollen und praktischen Vorschläge für dieses Buch und Clayton Mantell für seine unaufhörliche Inspiration bei allem, was wir tun. Dank auch an unsere Eltern, Irene Brino Wagner und Sol und Millie Mantell, für ihren unbeirrbaren Glauben an unsere Fähigkeiten und für die praktische Hilfe während unserer Arbeit an diesem Buch.

Paul Mantell und Avery Hart

Ouvertüre

In jedem Menschen steckt ein Musiker

Menschen haben etwas Zauberhaftes an sich – etwas, das sich zeigt, wenn wir singen, klatschen oder uns im Takt wiegen. Unsere Schultern und Hüften schütteln es heraus. Unsere Lippen atmen es hervor und unsere Schultern beben es hinaus. Es kommt zum Vorschein, wenn wir ihm nur eine Chance geben.

Die Rede ist natürlich von der Musik. Und soviel steht fest: Musik ist absolut lebensnotwendig! Ohne sie verkümmern wir. Es ist also ganz egal, wie jung oder alt wir sind oder ob wir singen wie eine Nachtigall oder wie ein Nashorn. Es ist gleichgültig, ob wir ein Instrument spielen können oder ob wir einfach Ball spielen. Musik brauchen wir trotzdem. Wir brauchen sie, damit sie unsere Gefühlswelt aufräumt und uns anrührt. Wir brauchen sie um auszudrücken, was sich mit Worten allein nicht sagen lässt. Wir brauchen den Ritt auf dem fliegenden Teppich, zu dem sie uns mitnimmt. Wir brauchen sie, um uns am Leben zu erhalten.

Aus diesem Grund will „Kinder machen Musik" Sie und die Kinder zum Summen, Klatschen, Singen, Stampfen und Trommeln bringen. Weil's Spaß macht. Weil Musik unentbehrlich ist.

Um dieses Buch zu erkunden, brauchen Sie keine besondere Ausbildung und keine spezielle Ausstattung. Wenn Ihr Herz schlägt, haben Sie schon alles, was man zum Musikmachen braucht.

Machen Sie sich mit den Kindern also bereit, Ihre großartigen musikalischen Innenleben zu erkunden!

„In allen Dingen schläft ein Lied", auch in Ihnen schlummert Musik. Ja, sie ist wirklich da und wartet nur darauf, dass Sie Ihre Scheu ablegen und die Tür mit der Aufschrift „Gefühle" aufsperren. Ihre Musik wird schon bald geradewegs vom Herzen kommen, von dem Ort, an dem sie ihre wahre Heimat hat. „Kinder machen Musik" möchte Sie und die Kinder zu einem gelungenen Start zu Ihrer musikalischen Entdeckungsreise verhelfen.

© Verlag an der Ruhr · Postfach 10 22 51 · 45422 Mülheim an der Ruhr · www.verlagruhr.de

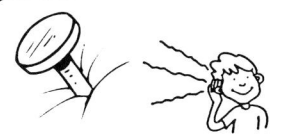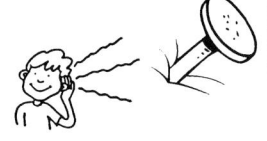

Das erstaunlichste Instrument der Welt

Die perfekte Musikmaschine

Es singt. Es pfeift. Es stampft. Es pulsiert. Es erfindet Melodien.
Es dreht sich im Kreis und wirbelt umher. Es summt. Es ist das erstaunlichste Instrument, das es je gab: ... das bist du!
Dein Körper ist von Kopf bis Fuß vollgepackt mit musikalischen Fähigkeiten, die nur darauf warten entdeckt und herausgelassen zu werden. Und stell dir vor: um dieses Zauberinstrument zu bekommen, musstest du nichts weiter tun als geboren zu werden.
Wie bei jedem anderen Musikinstrument auch musst du allerdings wissen, was man damit macht, bevor du darauf spielen kannst. Selbst eine kostbare Violine ist nur ein interessantes Stück Holz, bis jemand sie nimmt und darauf spielt. Mach dich also bereit für eine Erkundungstour und finde heraus, was das erstaunlichste Instrument der Welt zu bieten hat: du!

© Verlag an der Ruhr · Postfach 10 22 51 · 45422 Mülheim an der Ruhr · www.verlagruhr.de

Das **Gehirn**: Der größte Syntheziser überhaupt! Dein Gehirn arbeitet mit dem Rest deines Körpers zusammen, um die Melodien, Rhythmen, Worte und Bewegungen hervorzubringen, die in dir stecken.

Die **Augen** machen sich ein Bild von Sachen; registrieren Zeichen zum Einsatz.

Die **Ohren** nehmen Klänge zum Mitsingen oder Mitspielen wahr.

Der **Mund**, die **Lippen** und die **Zunge** singen, schnalzen, pfeifen, quietschen und Wah-Wah-Gesang.

Der **Kehlkopf** erzeugt Schwingungen, wenn du einen Ton singst oder summst.

Die **Finger** schnippen und trommeln und pochen.

Das **Handgelenk** hat einen Punkt, an dem man den Pulsschlag fühlen kann.

Die **Arme** wedeln oder wiegen sich im Takt.

Der **Hals** hat einen Punkt, an dem man den Pulsschlag fühlen kann.

Die **Hände** klatschen, schlagen, klopfen und trommeln.

Die **Lunge** sorgt für die Kraft hinter den Tönen, die du erzeugst.

Das **Herz** ist der beste Taktgeber der Welt. Der Ort, an dem deine Gefühle leben.

Wackelnde **Hüften** schütteln, rütteln und wiegen sich. Bringen den richtigen Schwung in deine Musik.

Die **Oberschenkel** klingen wie eine große Bassgeige, wenn man sie gegeneinander schlägt.

Die **Beine** tanzen und springen.

Die **Knie** sind gute Schlaginstrumente.

Die **Füße** tanzen, stampfen, trommeln und trampeln.

Die **Zehen** klopfen im Takt.

Es klimpert das Klavier, es geigt die Violine
so lieblich, heiter und beschwingt,
doch DU bist die Musikmaschine,
die schöner als sie alle klingt.

© Verlag an der Ruhr · Postfach 10 22 51 · 45422 Mülheim an der Ruhr · www.verlagruhr.de

Das Gesicht: ein Multi-Talent

Wangenknallen, Lippengeblubber, Backengetrommel, Wah-Wah-Gesang – das kannst du alles! Du wirst sehen: dein Gesicht ist ein echtes Multi-Talent.

Wangenknallen ist eine ganz alte Kunst. Du bläst deine Wangen so weit wie möglich auf und hälst dabei die Lippen fest aufeinander gepresst. Wenn die Wangen ganz dick und mit Luft gefüllt sind, dann – richtig geraten! – schlägst du mit den Handflächen darauf. Die Luft in deinem Mund platzt explosionsartig heraus und erzeugt dabei einen Knall.

Bei einer anderen Art des Wangenknallens steckst du einen gekrümmten Finger in den Mund, so dass die Fingerspitze an der Innenseite der Wange liegt, und ziehst ihn dann schnell zwischen den geschlossenen Lippen hervor. Dabei entsteht ein lautes „Plopp". Man braucht dafür allerdings ein bisschen Übung.
Es gibt Leute, die auf diese Weise einen eindrucksvollen Knall erzeugen können.

Klingt **Lippengeblubber** wie etwas ziemlich Albernes?
Ist es auch. Sogar etwas sehr Albernes.
Zum Blubbern legst du die Lippen locker aufeinander und fährst mit der Zeigefingerspitze immer wieder schnell darüber, erst von oben nach unten, von der Nase Richtung Kinn, und dann von unten nach oben, vom Kinn Richtung Nase.
Haben wir doch gesagt, dass es albern ist!
Mit ein bisschen Übung kannst du bald ganze Lieder blubbern!
Du summst eine Melodie und fährst gleichzeitig mit der Fingerspitze über die Lippen. Wer weiß, vielleicht kriegst du dabei ja etwas ganz Sensationelles hin und kommst ins Fernsehen!

Backengetrommel ist so ähnlich wie Wangenknallen, und zwar vor dem Knall. Wenn deine Wangen dick aufgeplustert sind, klopfst du mit den Handflächen darauf. Dabei entsteht ein Klang wie bei einer Trommel.
Beim **Wah-Wah-Gesang** machst du den Mund auf und sagst: „Ahhhhhhh." Gleichzeitig legst du die Handfläche immer wieder erst auf den Mund und nimmst sie dann schnell wieder weg. Klingt ein bisschen wie ein Echo oder wie Froschgequake, oder?
Mit dem Wah-Wah-Gesang hast du den perfekten Sound für das „Ku-wack, wack, wack" in dem Lied „Die Fröschelchen".

Ein Lied über dich

Dein Körper ist ein Musikinstrument, stets bereit zum Musikmachen. Wie wär's mit einem ganz besonderen Lied, in dem alle Geräusche vorkommen, die du machen kannst?

♪ Seht mal her, hört mal zu,
was ich mit den Füßen tu:
allerlei Geräusche machen
und noch andre tolle Sachen.
Jetzt geht's los, hört euch an,
was ich mit den Füßen kann.

(Dazu machst du Geräusche mit den Füßen: trommel damit auf den Boden, klopfe mit den Zehen, stampfe mit den Hacken.)

Jede Hand ist ein Genie
voller Pep und Energie.
Mit zwei Fingern kann ich schnippen,
mit dem Zeigefinger tippen,
Klatschen kann ich mit der Hand,
auf die Schenkel, an die Wand.
Jetzt geht's los, hört euch an,
was ich mit den Händen kann.

(Nun kommen Geräusche mit den Händen: klopfe dir auf die Oberschenkel und an eine Wand, schnippe mit den Fingern.)

Von den Lippen Blubbertöne,
(mit den Lippen blubbern)
Wangen knallen mit Gedröhne,
(auf die prallen Wangen schlagen)
der Mund, der bringt Wah-Wah-Gesang
(Wah-Wah-Gesang zum Besten geben)
und die Backe Trommelklang:
(auf die Wangen trommeln)
wenn Mund und Wangen musizieren
kann man sich gut amüsieren.

Ach, ist das nicht fabelhaft,
was mein Körper alles schafft?
Ich kann springen, ich kann singen,
ich kann mich im Tanze drehn
und ganz plötzlich stille stehn.
Ich kann klatschen, ich kann quatschen,
ich kann trampeln, ich kann strampeln!
Jetzt geht's los, hört euch an,
was ich alles machen kann!

(Wildes Durcheinander: mit den Füßen stampfen, in die Hände klatschen, mit der Zunge schnalzen, mit den Lippen blubbern und alle anderen musikalischen Geräusche machen, die dir einfallen.)

Oh, yeeeeeeeah! ♪

© Verlag an der Ruhr · Postfach 10 22 51 · 45422 Mülheim an der Ruhr · www.verlagruhr.de

Der innere Rhythmus

Du hast eine Trommel in dir und diese Trommel schlägt rund um die Uhr, tagein, tagaus – selbst wenn du schläfst. Du kannst ihren Schlag am Hals fühlen, an den Handgelenken oder in der Brust, während dein Herz das Blut durch den ganzen Körper pumpt. Ein Arzt würde diesen Trommelschlag wahrscheinlich als Puls bezeichnen, aber wir nennen ihn den inneren Rhythmus.

Dieser innere Rhythmus bildet die Grundlage für fast die ganze Musik. Schnelle Musik entspricht dem schnellsten Herzschlag und langsame Musik passt zum langsamsten Herzschlag. Deshalb ist Marschmusik flott und schwungvoll, während ein Wiegenlied langsam und beruhigend ist. Der Marsch will dich dazu bringen, aufzustehen und dich zu bewegen. Das Wiegenlied dagegen will deinen Herzschlag langsamer werden lassen, damit du schlafen kannst.

Was macht dein innerer Rhythmus jetzt gerade?

Lausche dem inneren Rhythmus

Suche dir einen ruhigen Ort, lege dir die Hand auf die Brust und erfühle deinen Herzschlag. Wenn du ein Stethoskop (das Gerät, mit dem der Arzt dich abhört) zur Hand hast – prima! (Du kannst übrigens denselben rhythmischen Pulsschlag auch am Handgelenk oder seitlich am Hals finden.) Sobald du ihn gefunden hast, sprichst du laut mit: „Da-dum, da-dum, da-dum." Dein innerer Rhythmus zeigt an, dass deine Musikmaschine eingeschaltet ist und funktioniert. Sie ist bereit – dem Musikmachen steht nichts mehr im Wege.

Kannst du dir eine Melodie ausdenken, die zu deinem Herzschlag passt? Bestimmt! (Mehr zum Thema „Rhythmus" findest du auf den Seiten 25 bis 30)

Den Rhythmus messen

Wenn du gerade ruhig dasitzt und in diesem Buch liest, ist die Wahrscheinlichkeit groß, dass dein Herz mit mittlerer Geschwindigkeit schlägt – nicht besonders schnell und nicht besonders langsam.

Suche dir eine Uhr und zähle, wie oft dein Herz in einer Minute schlägt.

Dann gehst du nach draußen und läufst zehn Minuten lang ums Haus oder machst hundertmal den Hampelmann. Dein Herz wird anfangen, viel schneller zu schlagen. Wie viel schneller? Stoppe den Herzschlag mit der Uhr – dann weißt du es.

© Verlag an der Ruhr • Postfach 10 22 51 • 45422 Mülheim an der Ruhr • www.verlagruhr.de

Mit allen sechs Ohren hören

Es gibt Leute, die eine Menge über Ohren wissen und sie sagen, dass wir insgesamt sechs haben! Da sind zunächst die beiden Ohren, an denen wir unsere Sonnenbrille aufhängen. Die nennt man die äußeren Ohren. Dann gibt es noch zwei in der Mitte und zwei, die innen liegen und die man die inneren Ohren nennt.

Was ein Elefant wohl hört? Dein äußeres Ohr ist wie eine Muschel, die den Schall einfängt und ihn lauter macht. Wölbe die Hand hinter der Ohrmuschel und lausche. Ändert sich die Art, wie du hörst, wenn du die Form des äußeren Ohres veränderst? Stell dir vor, wie gut Tiere mit großen Ohren hören können!

Musikinstrumente im Kopf? Und Kanäle?

In deinem Mittelohr befinden sich eine Trommel, eine Pauke und eine Trompete. Das Trommelfell ist ein winziges Stück Haut, das straff über eine Kanalöffnung in deinem Kopf gespannt ist, wie bei einer Trommel. Dieser Kanal ist der Gehörgang. Wenn Schallwellen auf dein Ohr treffen, vibriert das Trommelfell und leitet den Schall weiter in die Paukenhöhle, einen luftgefüllten Hohlraum. Die Ohrtrompete ist ebenfalls ein Kanal und sorgt für die Belüftung des Mittelohrs.

Ein Werkzeugkasten? Eine elektrische Schnecke?

Hinter dem Trommelfell liegen die kleinsten Knochen in deinem Körper. Man nennt sie Hammer, Amboss und Steigbügel. Sie sehen aus wie winzige Werkzeuge und leiten den Schall weiter zu der Schnecke, die einem Schneckenhaus ähnelt. Dort trifft er auf die Elektrizität deiner Nerven und wandert weiter zum Gehirn, wo er ausgewertet wird. All dies geschieht blitzschnell, denn Schall breitet sich mit einer Geschwindigkeit von 340 m pro Sekunde aus.

Hören wie ein Fisch

Im Wasser breiten sich Schallwellen anders aus als in der Luft. Wenn du das nächste Mal in der Badewanne sitzt, halte die Ohren unter Wasser und hör dir an, wie das Wasser Geräusche, Klänge und Töne überträgt.
Wie wär's mit ein paar Experimenten? Halte die Hände über Wasser und „kitzle" die Wasseroberfläche. Summe eine Unterwassermelodie. Kratze mit den Fingernägeln an der Badewannenwand.
Kannst du andere Geräusche im Haus hören, zum Beispiel, wie eine Tür geschlossen wird oder wie Leute umhergehen? Klingen leise Geräusche unter Wasser lauter?
Stell dir vor, du bist ein Fisch. Jetzt weißt du, wie sie die ganze Zeit über „hören"!

Krachalarm – Ohren zuhalten!

Manche Leute meinen, dass Musik besser klingt, je lauter man sie stellt. In Wirklichkeit kann laute Musik deinem Gehör schaden. Wenn dir also jemand einreden will, dass Musik am besten richtig dröhnen muss, nimm Reißaus! Lass dir durch falsche Vorstellungen nicht die Ohren kaputt machen.

Die spielen unser Lied!

© Verlag an der Ruhr · Postfach 10 22 51 · 45422 Mülheim an der Ruhr · www.verlagruhr.de

Schwingungen kann man sehen

Die Schwingungen, die Geräusche, Klänge und Töne erzeugen, kann man sichtbar machen. Du legst ein langes Lineal so auf den Tisch, dass ein Ende über die Tischkante hinausragt. Mit einer Hand drückst du es fest auf die Tischplatte, mit der anderen Hand schlägst du auf das frei schwebende Ende.

Du wirst sehen, wie es sich schnell auf und nieder bewegt. Das sind Schwingungen!

Du kannst die Klanghöhe der Schwingungen dadurch verändern, dass du das Lineal verschiebst und das überstehende Ende kürzer oder länger machst.

Wenn der größere Teil auf dem Tisch liegt, erzeugt das freie Ende kurze, schnelle Schwingungen und einen höheren Ton.

Wenn das freie Stück länger ist, sind die Schwingungen länger und der Ton ist tiefer.

Ist das Musik oder was?

Jede Musik ist auch ein Geräusch. Aber nicht alle Geräusche sind Musik. Nimm dir ein paar Minuten Zeit und horche auf das, was du dort hören kannst, wo du dich gerade befindest. Hörst du Geräusche? Oder hörst du Musik? Oder noch besser: hörst du Geräusche, aus denen man Musik machen könnte? Ein vorbeifahrender Lastwagen beispielsweise mag sich zunächst nicht wie Musik anhören. Aber er könnte den Auftakt bilden zu einem Lied über Lastwagen. Ist es dir schon einmal passiert, dass du dir deine Lieblingsmusik

angehört hast und ein Erwachsener vorbeikam und sagte: „Wie kannst du dir bloß solch einen Lärm anhören?" Nun, was du empfindest, macht einen Teil des Unterschieds zwischen Musik und Geräusch aus. Wenn es für deine Ohren wie Musik klingt – klar, dann ist es auch Musik!

So pfeift man

Jetzt heißt es das Mäulchen spitzen, Musikmacher! Denn nun ist der Augenblick gekommen, das Pfeifen zu lernen! Natürlich kann es gut sein, dass du schon weißt, wie das geht. Wenn ja, kannst du auf diese Seite pfeifen.

Wenn du es aber noch nicht gelernt hast, ist hier deine Chance. Alles, was du für's Pfeifen brauchst, hast du bereits: ein Paar Lippen, einen Satz Lungenflügel und etwas Geduld.

Mit dem Pfeifenlernen ist es so ähnlich wie mit dem Fahrradfahren. Es klappt nicht, es klappt nicht, es klappt immer noch nicht – und dann auf einmal saust du die Straße entlang.

Anleitung zum Pfeifen, Schritt für Schritt

Erster Schritt: Zunächst formst du ein kleines „o" mit den Lippen.

Zweiter Schritt: Dann legst du die Zungenspitze hinter die unteren Schneidezähne.

Dritter Schritt: Nun atmest du tief ein und lässt die Luft dann wieder heraus. Dabei spannst du die Lippen um den austretenden Luftstrom herum an. Kein Glück?

Wenn das einzige Geräusch, das du hervorbringst, das Entweichen der Atemluft ist, versuch es weiter! Wir versprechen, dass du schon bald eine Andeutung von einem Pfeifton hörst, wenn du weiter übst. Bevor du dich versiehst, wirst du pfeifen, als hättest du nie etwas anderes getan!

In beide Richtungen pfeifen

Sobald du die Grundlagen des Pfeifens beherrschst, kannst du lernen, sowohl beim Einatmen als auch beim Ausatmen zu pfeifen. Damit kannst du ganze Lieder pfeifen, ohne zwischendurch Luft holen zu müssen. Da werden deine Freunde aber staunen!

Ein Zahnbürsten-Konzert

Musik kann ein Teil deines Tages sein, von morgens bis abends. Selbst wenn du die Treppe hinaufläufst oder ums Haus stapfst, kannst du es mit Musik machen. Wenn du dir heute Abend die Zähne putzt, versuche mal, dabei einen bestimmten Rhythmus einzuhalten. Du kannst ja so tun, als wärest du ein berühmter Künstler, der einen Solo-Auftritt hat. Das bedeutet, dass du alleine putzt, während dein Publikum dir zuhört.

Vielleicht ist es besser, wenn du den Text nicht selbst singst, sonst verschluckst du noch deine Zahnbürste! Denk daran: Übung macht den Meister – und macht dein Lächeln noch strahlender!

♪ **Stimme:**
Schrubben, schrubben, schrubben, die Bürste fest gepackt.
Solist:
Die Bürste fest gepackt.
Stimme:
Schrubben, schrubben, schrubben, der Fuß, der klopft im Takt.
Solist:
Der Fuß klopft im Takt.
Stimme:
Zwei bis drei Minuten lang hört man nur den Bürstenklang.

Solist:
Bürstensolo
Stimme:
Na, das klingt ja fabelhaft, und nun ist es fast geschafft.
Der Solist beendet seinen Auftritt mit opernreifem Gurgeln und dramatischem, aber gut gezieltem Ausspucken ins Waschbecken.
Stimme und Solist:
Ta-dah! ♪

© Verlag an der Ruhr · Postfach 10 22 51 · 45422 Mülheim an der Ruhr · www.verlagruhr.de

Jive für die Hände und den ganzen Körper

„Jive" (sprich: Dschaif) ist ein englisches Wort.
Es bezeichnet einen schnellen, ausgelassenen Tanz, heißt aber auch so viel wie „Unsinn reden". Jive für die Hände ist Musik, die deine Hände singen. Dabei machen die Hände alle Bewegungen und erzählen so, worum es in dem Lied geht. Beim Jive für den ganzen Körper machen Arme, Beine, Kopf und Schultern mit.

Uuuuuups, Baby!

Wenn du ein Baby kennst, wird ihm dieser einfache Jive für die Hände bestimmt Spaß machen und es gleichzeitig an die Musik heranführen. Die ersten Worte zählst du an seinen Fingern ab, angefangen vom kleinen Finger bis zum Zeigefinger. Dann fährst du am Zeigefinger hinunter und am Daumen wieder hoch und sagst dabei „Uuuuuups!" An der Daumenspitze angekommen, machst du kehrt und gehst wieder zurück zum kleinen Finger.

Oh, Baby, Baby, Baby, Uuuuuups, Baby, Uuuuuuups, Baby, Baby, Baby, Baby.

Der Schornsteinfeger

Hier ist ein Lied, das allen Langschläfern Beine (und Arme und Hände und ...) machen wird:

♪*Wenn ich morgens früh aufstehe*
(Die Arme in die Höhe recken und sich strecken, als wäre man gerade aufgewacht.)

und zu meiner Arbeit gehe,
(Mit beiden Füßen auf der Stelle treten.)

seh ich hin und seh ich her,
(Mit einer Hand die Augen beschatten und umherblicken.)

ob noch was zu fegen wär.
(Mit beiden Händen eine imaginäre Bürste packen und einen imaginären Schornstein fegen.)

Mein Gesicht ist schwarz wie Kohle
(Mit beiden Händen über das Gesicht fahren.)

von dem Scheitel bis zur Sohle,
(Mit einer Hand von Kopf bis Fuß zeigen.)

doch mein Herz ist frisch und frei,
(Mit einer Hand rhythmisch auf die Brust klopfen, dort, wo das Herz sitzt.)

's liebt die Schornsteinfegerei!
(Mit beiden Händen eine Bewegung wie beim Fegen machen.) ♪

© Verlag an der Ruhr · Postfach 10 22 51 · 45422 Mülheim an der Ruhr · www.verlagruhr.de

Ein Jive für den ganzen Körper

Dieses Lied handelt von einem Leierkastenmann und davon, wie sich seine Zuhörer über die Musik freuen, die er ihnen vorspielt. Früher, bevor die Leute Fernseher, Radios und CD-Player in ihren Wohnungen hatten, zogen Straßenmusiker mit ihren Leierkästen (man sagte auch „Drehorgeln" dazu) durch die Straßen und spielten beliebte Melodien. Oft hatten sie ein kleines Äffchen dabei, das oben auf der Drehorgel saß, zu der Musik tanzte und nach der Vorstellung mit einem Hut in der Pfote durch das Publikum huschte und Geld einsammelte. Lass dir zu diesem Lied eine Melodie einfallen und begleite die Handlungen, von denen erzählt wird, mit Bewegungen. Wenn es heißt, dass der Leierkastenmann immer wieder die gleichen alten Lieder spielt, könntest du vielleicht mit einem Arm eine Drehbewegung machen, so wie der Drehorgelspieler mit seiner Kurbel die Musik in Gang setzt. Und für die Tänze des Äffchens, der Kinder und der Damen und Herren fallen dir sicherlich passende Gesten ein.

♪ Der Leierkastenmann

Da kommt der Leierkastenmann
mit seinem Leierkasten an.
Er leiert all die alten Lieder
rauf und runter, immer wieder,
und sein Äffchen tanzt dazu.

Lirum larum Leierkasten,
lirum larum lum.

Das Äffchen ist ein muntres Tier,
es springt umher, mal dort, mal hier.
Es wackelt mit dem Kopf herum,
winkt gut gelaunt dem Publikum
und stampft auch mit den Füßen.

Lirum larum Leierkasten,
lirum larum lum.

Die Kinder sind natürlich froh
und tanzen mit, mal so, mal so.
Sie dreh'n sich schnell im Kreise
und summen dabei leise
die alten Lieder mit.

Lirum larum Leierkasten,
lirum larum lum.

Die Damen tanzen mit im Takt,
die Herren fest am Arm gepackt.
Sie schweben elegant daher
und hör'n und seh'n sonst gar nichts mehr.
Wann gibt's schon was zu tanzen?

Lirum larum Leierkasten,
lirum larum lum.

Dann ist der Leierkasten stumm,
das Äffchen reicht den Hut herum.
Die Leute geben gern ihr Geld,
was gibt es Schön'res auf der Welt
als Melodien zum Tanzen?

Lirum larum Leierkasten,
lirum larum lum. ♪

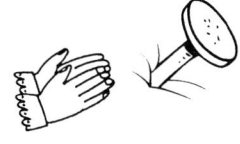

Eine Melodie, ein Gefühl, ein Rhythmus

Mehr braucht man nicht

Alle Musik in dieser großen, weiten Welt besteht lediglich aus drei Dingen: aus einer **Melodie**, einem **Gefühl** und einem **Rhythmus**. Melodie bedeutet die Reihenfolge, in der die Töne eines Liedes angeordnet sind. Gefühl ist die Empfindung, die die Musik ausdrückt. Der Rhythmus ist der Pulsschlag der Musik.

Wenn diese drei Sachen zusammenkommen, passiert Musik – ganz bestimmt, garantiert, hundertprozentig!

In jedem Lied, unter und über jedem Lied, durch jedes Lied, das jemals geschrieben worden ist, gibt es eine Melodie, ein Gefühl und einen Rhythmus. Sie sind überall dort zu finden, wo du Musik hörst: auf Kassetten, im Radio, im Fernsehen und in Filmen.

Warum? Weil ohne sie Musik nicht passieren kann. Mit ihnen ist Musik gar nicht mehr zu stoppen!

© Verlag an der Ruhr · Postfach 10 22 51 · 45422 Mülheim an der Ruhr · www.verlagruhr.de

 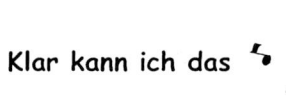

Eine Melodie

Eine Melodie auf Knopfdruck

Melodie ist das, was kommt, wenn du sagst: „Dieses Lied kenne ich! Es geht so … ." Melodie ist das Da-da-da-di-dum, das La-la-la-lu-la und das Bibbiti-bobbitti-buh.
Melodien sind gewissermaßen krakelige Linien, die aus Tönen bestehen. Sie gehen nach oben, sie gehen nach unten, sie gehen rundherum. Sich eine Melodie auszudenken ist so wie Malen. Dabei ist deine Stimme der Farbstift. Du kannst Millionen von Melodien erfinden, wenn du einfach herumsummst oder da-da-dumst, wie es dir gerade in den Sinn kommt. Probier es mal aus. Summe einfach ein Stück von einem Lied, das du noch nie zuvor gehört hast – oder singe es auf la-la-la. Siehst du? Wenn es darum geht, Melodien zu erfinden, sind die Menschen von Natur aus superschlau!

Eine Melodie malen

Leg dir ein langsames Lied auf, das du kennst oder bitte jemanden, dir eines langsam vorzusingen. Während du zuhörst, malst du eine Linie über ein quer liegendes Stück Papier. Wenn die Musik nach oben geht, führst du deine Linie nach oben. Wenn sie nach unten geht, geht auch deine Linie nach unten. Du kannst deine Melodie-Linie auch als Spirale zeichnen.
Wenn du ein paar Melodie-Linien oder Spiralen gemalt hast, legst du sie für eine Weile beiseite. Meinst du, du kannst raten, zu welchen Liedern sie gehören, wenn du sie wieder hervorholst?

© Verlag an der Ruhr · Postfach 10 22 51 · 45422 Mülheim an der Ruhr · www.verlagruhr.de

Auch dieses Buch kann man singen

An dieser Stelle und anderswo in diesem Buch findest du Gruppen von Wörtern, zu denen keine Melodie gehört. Diese Wörter brauchen Melodien, damit sie nicht gar so still auf den Seiten stehen. Und warum haben wir ihnen nicht schon welche geschrieben? Ganz einfach: die Melodien für diese Wörter sind in deinem Kopf! Du musst nichts weiter tun als dich zu öffnen und sie herauszulassen!
Welche Melodie findest du in deinem Kopf zu diesen Worten?

Ein jedes Lied, ob laut, ob leise,
klingt wunderbar, auf seine Weise.
Drum trau dich nur, hab Mut,
was du ersingst, ist einfach gut.

Tausende von Arten, es richtig zu machen

Es gibt keine falsche Art und Weise, eine Melodie zu erfinden. Doch es gibt abertausend richtige Methoden! Manche Leute fangen damit an, dass sie die Worte, zu denen sie eine Melodie erfinden wollen, im Sprechgesang vor sich hersagen. Sprechgesang bedeutet, dass man die Worte laut spricht und dabei einen gleichmäßigen Rhythmus einhält. Wenn du eine Weile sprechgesungen hast, passiert etwas Witziges. Plötzlich will deine Stimme von ganz alleine nach oben oder nach unten gehen, nur so zum Spaß. Wenn das geschieht – ganz toll! Du bist dabei, eine Melodie zu erfinden!
Manche Leute beginnen damit, dass sie in die Hände klatschen und so versuchen, einen Rhythmus und ein Gefühl in Gang zu bringen, bevor sie anfangen, sich eine Melodie auszudenken. Das ist auch eine gute Methode.
Es geht also darum, sich kopfüber hineinzustürzen und damit herauszuplatzen – sofort, ohne zu überlegen. Das nennt man Improvisation.

Überrasche dich selbst

Wenn du eine Melodie improvisierst, öffnest du dich und singst – irgendwas, irgendwie! Die Musik fließt einfach aus dir heraus, von ganz alleine. Du musst nichts weiter tun als aus dem Weg zu gehen und es geschehen zu lassen. Du wirst staunen, wie viel Musik in dir drinsteckt!
Wenn du dir einen Kassettenrecorder leihen und deine Kreationen aufnehmen kannst, gut. Aber das Wichtigste ist, sich in die Improvisation fallen zu lassen und Spaß zu haben.

© Verlag an der Ruhr · Postfach 10 22 51 · 45422 Mülheim an der Ruhr · www.verlagruhr.de

Ein Gedicht vertonen

Gedichte eignen sich besonders gut für das Erfinden von Melodien, weil die Worte, aus denen sie bestehen, bereits einen eigenen Rhythmus haben. Du kannst die Worte laut hersagen, sprech-singen oder singen, und wir wetten, dass du eine Melodie entdeckst, die in deinem Kopf herumschwebt und die sehr gut dazu passt. Du kannst dein Werk zum Beispiel Sternengefunkel nennen.

Wenn's Abend wird,
wenn's draußen dunkelt
und der erste Stern auffunkelt,
schick ich einen Wunsch ganz leise
auf die lange, lange Reise
und hoffe, dass er irgendwann
in Erfüllung gehen kann.

Sing mich! Laut, stolz und stark!

Die Worte zu einem Lied nennt man den Text. Es sind Worte, die gut zu Musik passen oder Gedichte, die gesungen werden sollen. Wir haben diesen Text geschrieben, in dem es um das Schreiben eines Liedes geht. Du sollst uns nun eine Melodie dazu erfinden. Viel Spaß!

♪ Musik ist ein Gefühl

Musik hat mit Gefühl zu tun,
mit Glück und Wut und Trauer.
Bevor du dir ein Lied ausdenkst,
fragst du dich: Bin ich sauer?

♪

Oder bin ich gut gelaunt,
ganz heiter und beschwingt?
Dann mach' ein Lied, das munter hüpft
und lebenslustig klingt.

Auch wenn du dich traurig fühlst,
ist Singen gut für dich.
Gib' einfach nach und sing's heraus,
laut schmetternd oder brummelig.

♪

Wie immer du dich fühlen magst,
es gibt ein Lied, das passt.
Du kannst es summen, trällern, schreien,
wenn du's gefunden hast.

♪

All diese Lieder sind in dir,
sie sind in deinem Herzen.
Dort ist Musik für Glück und Zorn,
für Freude und für Schmerzen. ♪

© Verlag an der Ruhr · Postfach 10 22 51 · 45422 Mülheim an der Ruhr · www.verlagruhr.de

Wie man sich Melodien merken kann

Wenn du die Melodien, die du dir ausdenkst, aufmalst oder aufschreibst, ist es einfacher, sie sich zu merken. Deine Noten müssen nur zweierlei deutlich machen:

1. Ob die Noten nach oben oder nach unten gehen.
2. Ob sie kurz oder lang sind.

Hier zeigen wir dir verschiedene Methoden, die Kinder entwickelt haben, um Musik zu Papier zu bringen. Sie haben den ersten Teil von *Alle meine Entchen* niedergeschrieben. Sieh sie dir an, damit du weißt wie sie funktionieren, und dann notierst du selbst eine Musikzeile. Du kannst dabei entweder diese Methoden übernehmen oder dir deine eigene ausdenken.

Geldmusik

Hier ist eine ganz besondere Art, Musik „aufzuschreiben" - mit Geld! Dabei können 1-Centstücke kurze Töne darstellen, 2-Centstücke stehen für längere Töne und 5-Centstücke für noch längere Töne. Wenn du die Münzen höher oder tiefer legst, zeigen sie, wie die Melodie nach oben oder nach unten geht. Diese Methode, Melodien aufzuschreiben, macht Spaß, kann aber teuer werden!

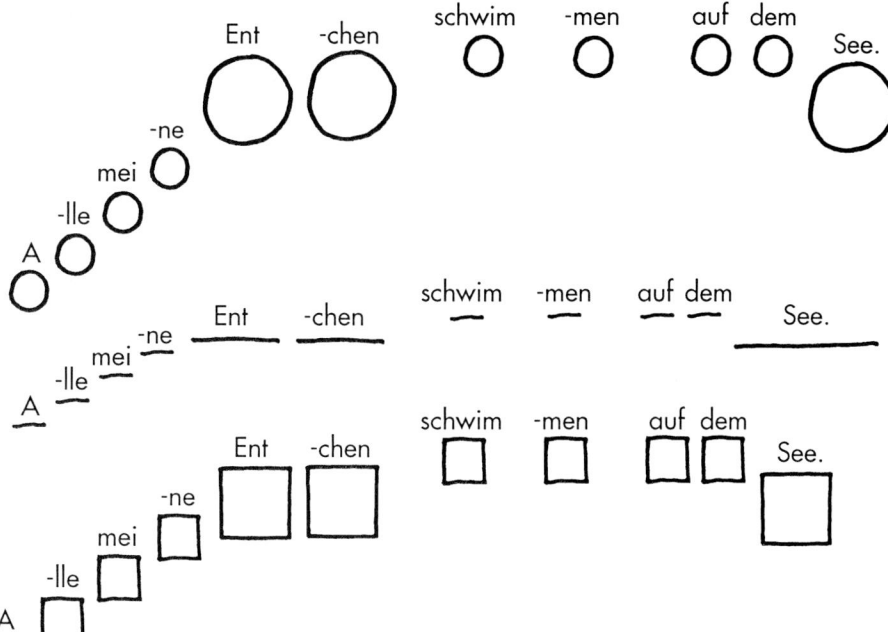

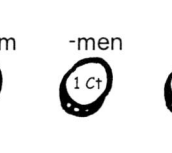

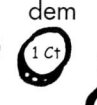

Ein Gefühl

Folge deinen Gefühlen

Gefühle greifen Klänge auf und spinnen daraus puren Musikzauber. Gefühle sind der Treibstoff, der die Musik in Bewegung setzt. Gefühle lassen Musik aufflammen und geben ihr Flügel. Musik ohne irgendwelche Gefühle wäre so etwas Ähnliches wie Leben ohne Farben oder Essen ohne Geschmack. Ziemlich langweilig, oder?

Zwei Hüte und drei Gefühle

Hast du Lust, ein bisschen mit deinen Gefühlen zu spielen? Du brauchst nichts weiter als Stift und Papier, zwei Hüte und ein paar Melodien, die jeder kennt.
Zunächst machst du dich auf die Suche nach den Hüten. Dann schreibst du die Worte FROH, TRAURIG und WÜTEND jeweils auf einen Zettel, faltest die Zettel und legst sie in einen der Hüte.

Als nächstes schreibst du die Titel von Liedern, die du kennst und deine Freunde auch – Lieder wie *Alle meine Entchen, Alle Vögel sind schon da, Hänsel und Gretel, Der Kuckuck und der Esel, Ein Männlein steht im Walde, Brüderchen, komm tanz mit mir, Nun ist das schöne Frühjahr da* oder irgendein anderes Lied, das euch vertraut ist. Faltet die Zettel mit den Liedtiteln und legt sie in den anderen Hut.
Jeder Mitspieler wählt aus jedem Hut einen Zettel, so dass alle ein Gefühl und ein Lied haben. Und nun wird's lustig!
Nach der Reihe singt ihr das Lied, das ihr gezogen habt und drückt dabei das Gefühl aus, das ihr aus dem Hut geholt habt. Können die anderen das Gefühl erraten, das ihr versucht darzustellen?
Bei diesem Spiel braucht ihr keine Angst vor Übertreibungen zu haben. Je deutlicher ihr eure Gefühle zum Ausdruck bringt, desto besser.

Alphabet der Gefühle

Experten auf dem Gebiet der zwei Hüte und drei Gefühle können sich an diesem Alphabet der Gefühle versuchen und verschiedene Empfindungen von A bis Z ausdrücken. Entscheide dich einfach für eine und probiere, sie in einem Lied darzustellen. Oder sag deinen Freunden, dass du ein Gefühl mit D oder B gewählt hast und lass sie raten, welches es ist.

albern? aufgeregt? ausgelassen? beschwingt? böse? brav? bitter? charmant? chaotisch? charakterlos? dreist? deprimiert? draufgängerisch? erschrocken? entschlossen? edel? frech? feige? fröhlich? gleichgültig? großartig?

grimmig? heiter? herzlich? hoffnungsvoll? intelligent? irre? jämmerlich? jubelnd? kaputt? kalt? lustlos? locker? lieb? mutig? munter? müde? neugierig? nervös? nett? offen? optimistisch? prahlerisch? pingelig? quengelig? querköpfig? rappelig? ruhig? still? sorgenvoll? selbstbewusst? träumerisch? traurig? übermütig? unglücklich? unschuldig? vergnügt? verrückt? vorsichtig? witzig? wütend? wunderbar? weinerlich? zänkisch? zärtlich? - oder etwas ganz anderes?

Für die Buchstaben X und Y gibt es in der deutschen Sprache keine Wörter, die Gefühle beschreiben, aber vielleicht könnt ihr welche erfinden. Wie verhält sich wohl jemand, der sich „xattig" oder „yicklig" fühlt?

© Verlag an der Ruhr · Postfach 10 22 51 · 45422 Mülheim an der Ruhr · www.verlagruhr.de

Keine-Angst-Lieder

Musik ist ein gutes Mittel, um Ängste zu zähmen. Wenn du vor etwas Angst hast, fang einfach an zu summen und denk dir ein Lied darüber aus. Es ist gut möglich, dass du mit deinem Lied die Angst vertreibst.
Dieses Gedicht ist dafür gedacht, dass du es singst. Die Worte auf der Seite warten auf jemanden, der Musik aus ihnen macht. Gib ihnen einfach ein Gefühl, einen Rhythmus und eine selbst erfundene Melodie und schon hast du ein Lied gemacht!

♪ Das Monster-Lied

Ein Riesenmonster unterm Bett?!
Manch einer findet das wohl nett,
doch ich – ich sag's euch gleich –
werd jeden Abend schreckensbleich,
wenn Mama auf die Wanduhr blickt
und mich in mein Zimmer schickt.

Denn dort, im Dunkel unter meinem Bett,
da haust ein Monster, dick und fett
und sicher furchtbar gierig
und glitschig, kalt und schmierig.

Das sag ich Mama und sie kniet
vor meinem Bett und sieht ...
kein Monster, sagt sie, keine Spur,
nur Sachen für die Müllabfuhr!

Was, kein Monster? Lass mich gucken!
Ich muss noch einmal heftig schlucken
und dann beug ich mich hinunter:
Dort unterm Bett, da liegt mein bunter
Winterschal und gleich daneben
seh ich einen Lutscher kleben.

Und da ist auch mein Expander!
Ach, ist das ein Durcheinander!
Alles ist total verstaubt.
Nein, das hätt ich nie geglaubt,
dass hier gar kein Monster kauert,
Zähne fletscht und auf mich lauert.

Tja, wer hätte das gedacht!
Doch nun, Mama, gute Nacht!
Jetzt will ich schlafen und schön träumen,
hab keine Zeit mehr aufzuräumen!

Na dann
– gute Nacht! ♪

Ein Rhythmus

Tamm-tada-tamm-tada-tamm-tada-tamm

Wenn ein Musiker ein Lied mit „und eins und zwei und ..." beginnt, legt er den Takt fest. Der Takt fasst Noten und Pausen zu Einheiten zusammen und bildet die Grundlage für den Rhythmus. Mit dem Takt zählt man die Schläge in der Musik.
Den Takt bekommst du, wenn du einen Ton nach dem anderen klatschst oder klopfst.
Der Takt eines Liedes ist wie der Boden, aus dem eine Blume sprießt. Der Boden muss da sein, bevor die Blume wachsen kann. Beim Musikmachen ist der Takt der Boden, auf dem dein Lied wächst.

Takt im Karton

Wenn du einen leeren Karton und einen Holzlöffel hast, kannst du die Taktarten klopfen, die am häufigsten in der Musik vorkommen.
Und das geht so:
Mit dem Holzlöffel schlägst du von innen gegen den Karton, und zwar bekommt jeweils eine Seite einen Schlag. Du schlägst immer in der gleichen Reihenfolge gegen die Kartonseiten. Der **1-2-3-4-Takt**, der dabei entsteht, ist die häufigste Taktart. Es gibt unzählige Lieder im Viervierteltakt, wie man ihn auch nennt, zum Beispiel *Das Wandern ist des Müllers Lust*, *Ein Männlein steht im Walde* und *Auf unsrer Wiese gehet was*.

Eins, zwei! Eins, zwei, drei!
Diesmal versuchst du, nur gegen zwei Seiten des Kartons zu schlagen, 1-2. Auch der 1-2-Takt ist in vielen Liedern zu finden, normalerweise in schnellen Liedern wie *Ging ein Weiblein Nüsse schütteln* und *Die Vogelhochzeit*. Wenn du mit deinem Holzlöffel an drei Seiten des Kartons anschlägst, hast du den 1-2-3-Takt, den man auch Walzertakt nennt.

Diese Bezeichnung geht auf einen anmutigen, altmodischen Tanz zurück. Probier ihn mal aus und versuche den Takt von Liedern wie *Ein Mann, der sich Kolumbus nannt, Es klappert die Mühle am rauschenden Bach* oder *Widele, wedele* und ungezählten anderen herauszuhören.
Dein Karton ist wie ein Rhythmusgerät, das dir helfen kann, den Takt zu halten. Genial!

Takte im Karton
(**x** markiert die Stelle, an der du anschlägst)

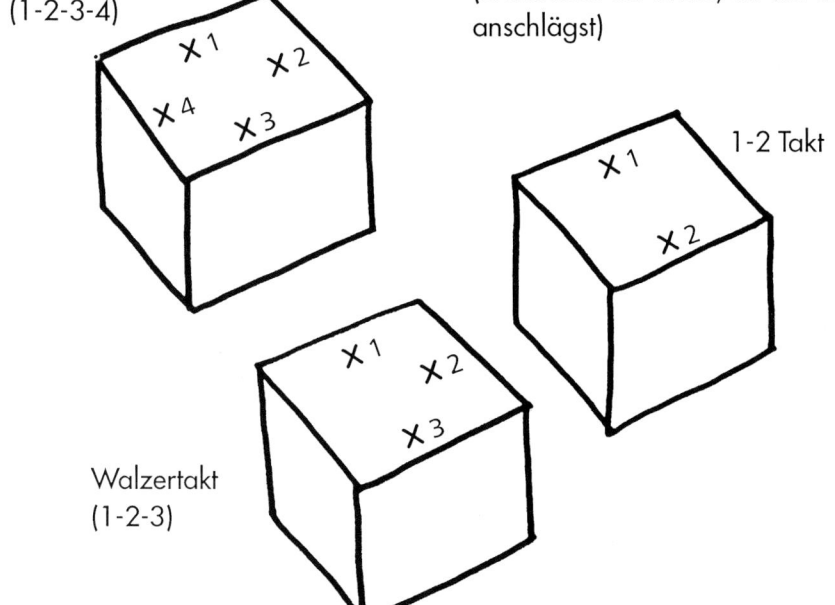

⁴⁄₄-Takt
(1-2-3-4)

1-2 Takt

Walzertakt
(1-2-3)

Die musikalische Standuhr

Bei einer Uhr gibt es Sekunden, Minuten, Stunden und Tage. In der Musik gibt es Schläge, Takte, Phrasen und Lieder!

Eine Standuhr, die nicht stehen bleibt

Hast du dir schon mal eine dieser altmodischen Standuhren genau angesehen? Dann ist dir vielleicht aufgefallen, dass im Innern der Uhr ein Pendel hängt. Dieses Pendel schwingt von einer Seite zur anderen und zählt dabei die Sekunden.
Wenn du ein Maßband hast, das sich herausziehen lässt, kannst du dich in eine Standuhr verwandeln, indem du das Maßband an einem Ende festhältst und das schwere Ende nach unten baumeln lässt. Das Maßband ist das Pendel.
Je nachdem, wie weit du es herausziehst, pendelt es langsamer oder schneller. Ein kurzes Maßband schlägt schneller aus. Ein längeres Maßband hat ein langsameres Tempo zur Folge.

Das Standuhr-Spiel
Hier ist ein lustiges Spiel.
Ein Mitspieler ist der Taktmesser und schwingt sein Standuhr-Pendel, während sein Partner ein schlichtes Lied mit einem einfachen Rhythmus singt oder summt, zum Beispiel *Alle meine Entchen*. Beim Singen wird der Sänger immer schneller und schneller, und die Uhr versucht, Schritt zu halten. Dann wird der Sänger immer langsamer und singt so langsam wie möglich. Bei diesem Spiel gibt es meistens viel zu kichern.

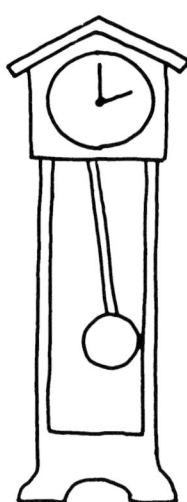

© Verlag an der Ruhr · Postfach 10 22 51 · 45422 Mülheim an der Ruhr · www.verlagruhr.de

Für Klatschhafte

Die Klatsch-Band

Bei diesem Spiel könnt ihr nach Herzenslust klatschen. Ihr braucht nichts weiter als einen Satz Hände pro Person und schon könnt ihr eine Rhythmusgruppe aufmachen. Zunächst wählt ihr einen Mitspieler aus, der einen Rhythmus vorgibt. Anfangs klatscht die ganze Gruppe den Rhythmus nach, den er vorklatscht. Das hilft beim Aufwärmen und bringt alle dazu zusammenzuarbeiten.

Vorklatscher:
X X X X X X X X X X X X X X X X
Mitklatscher:
X X X X X X X X X X X X X X X X

Vorklatscher:
X X X X X X X X X X X X
Mitklatscher:
X X X X X X X X X X X X

Vorklatscher:
XX X XX X XX X XX X
Mitklatscher:
XX X XX X XX X XX X

Jetzt wisst ihr, dass eure Rhythmusgruppe gut zusammenarbeiten kann. Versucht dadurch neue Rhythmen zu finden, sodass ihr verschiedene Schläge besonders betont.
Hier ist ein Beispiel:

1. Klatscher:
X X X X **X** X X X **X** X X
2. Klatscher:
X X **X** X X X **X** X X X **X** X
3. Klatscher:
X X X X X X X X X X X **X**

Ihr könnt die Rhythmen auch auf selbst gebauten Trommeln schlagen (mehr im Kapitel „Einfache Musikinstrumente", Seite 59).
Wie lange könnt ihr die Rhythmen beibehalten?
Wie abwechslungsreich könnt ihr die Rhythmen gestalten?

Takt-Rhythmus-Spiel

Bist du bereit, deinen mojo (den Geist deiner inneren Energie) in Schwung zu bringen? Bist du bereit, dich dem Takt und Rhythmus zu überlassen? Bei diesem Takt-Rhythmus-Spiel kommt der ganze Körper in Bewegung!
Zuerst verwandelst du deine Füße in zwei große Trommeln und beginnst, damit einen starken 1-2-Takt zu schlagen. Wenn du einen regelmäßigen Rhythmus in Gang gebracht hast, behälst du ihn bei und trommelst immer weiter. Dann klatscht du mit den Händen jede einzelne Silbe dieser Wörter (das Wort „du" hat eine Silbe, das Wort „Straße" hat zwei Silben):

♪ *Mit Augen und Ohren*
Eh du die Straße überquerst,
streng Aug' und Ohren an.
Du schaust und lugst und horchst zuerst,
dann sind die Füße dran. ♪

Wer hat den Takt? – Spiel

„Wer hat den Takt?" ist ein Spiel, das sich prima mit ein, zwei Freunden spielen lässt. Es hat große Ähnlichkeit mit dem „Takt-Rhythmus-Spiel", doch bei diesem Spiel versucht ihr zu raten, welches Lied gerade geklatscht wird. Zu Beginn suchst du dir ein Lied aus, von dem du weißt, dass du und deine Freunde es gut kennen, wie *Niklaus, komm in unser Haus*. Dann gibst du deinen Freunden einen Tipp. Du könntest zum Beispiel sagen: „Es ist ein Winterlied."
Dann beginnst du, den 1-2-3-4-Takt (4/4-Takt) mit den Füßen zu stampfen und fügst den Rhythmus der Worte durch Klatschen hinzu (ohne den Text zu singen). Ob dein Freund das Lied erraten kann, das du ihm vorklatschst? Wenn ja, darf er das nächste Lied zum Stampfen und Klatschen aussuchen.

© Verlag an der Ruhr · Postfach 10 22 51 · 45422 Mülheim an der Ruhr · www.verlagruhr.de

Es klappert die Mühle

Hier ist ein Spiel, bei dem du singen und gleichzeitig klatschen kannst. Dazu gehören drei verschiedene Handbewegungen:

Bewegung Nr. 1:
Klatsche mit deinen Handflächen gegen die Handflächen deines Mitspielers. Wenn du alleine spielst, reckst du beide Arme in die Höhe.

Bewegung Nr. 2:
Klatsche in die Hände.

Bewegung Nr. 3:
Schlag dir mit den Händen auf die Oberschenkel.

Zunächst bringst du einen gleichmäßigen 1-2-3-Takt in Gang.

        1 2   3   1 2   3
♪ *Es*   *klappert* *die*   *Mühle* *am*

1 2   3   1 2   3   1 2
rauschenden *Bach:* *klipp* *klapp.*

3 1   2   3   1   2   3
Bei *Tag* *und* *bei* *Nacht* *ist* *der*

1 2   3   1 2   3   1 2
Müller *stets* *wach:* *klipp* *klapp.*

3 1 2   3   1
Er *mahlet* *das* *Korn*

---

2   3   1 2 3   1 2
zu *dem* *kräftigen* *Brot*

3   1 2   3   1 2
und *haben* *wir* *dieses,*

3 1   2 3   1 2
dann *hat's* *keine* *Not.*

3 1 2
Klipp *klapp,*

3 1 2
klipp *klapp,*

3 1 2 3
klipp *klapp.* ♪

(Wenn du dieses Spiel einmal beherrschst, kannst du versuchen, die Bewegungen mitten im Lied in umgekehrter Reihenfolge ablaufen zu lassen. Dann wird es richtig spannend!)

Der Taktgeber

Hier ist ein Rhythmusspiel, das du ausprobieren kannst, wenn du ein paar Freunde greifbar hast. Alle – außer „Es" – setzen sich in einen Kreis. „Es" verlässt den Raum und die anderen bestimmen einen „Taktgeber". Der Taktgeber beginnt mit einem Rhythmus und benutzt dazu seine Hände, Füße oder irgendein anderes Körperteil. Die anderen machen ihn nach. Sobald der Rhythmus in Gang ist, kommt „Es" wieder ins Zimmer.
Und jetzt wird's lustig. Von Zeit zu Zeit muss der Taktgeber seine Körperbewegungen, mit denen er

den Takt angibt, verändern – der Rhythmus bleibt aber gleich! „Es" darf nicht sehen, wie der Taktgeber von einem Körperteil zu einem anderen wechselt. Die anderen Mitspieler im Kreis greifen die neue Bewegung auf und versuchen, sie so genau wie möglich nachzumachen. „Es" sieht sich die Kinder im Kreis genau an und versucht herauszufinden, wer der Taktgeber ist. Wenn „Es" Recht hat, darf er das nächsten „Es" bestimmen, das dann den Raum verlässt. Wenn „Es" nicht richtig geraten hat, muss er in der nächsten Runde wieder „Es" sein.

© Verlag an der Ruhr • Postfach 10 22 51 • 45422 Mülheim an der Ruhr • www.verlagruhr.de

Auf Rhythmus-Jagd

Weise Leute sagen, dass alles auf der Welt seinen ganz eigenen Rhythmus hat – auch die Sachen, die kein Geräusch von sich geben. Du kannst herausfinden, ob sie Recht haben und dich auf die Suche nach den Rhythmen in der Welt um dich herum machen.

Geh zu einer Stelle, von der aus du Leute beim Herumlaufen, Arbeiten oder Spazieren gehen beobachten kannst. Sieht es so aus, als hätte jeder Mensch seinen eigenen, ganz besonderen Rhythmus? Klopfe den Rhythmus mit den Händen nach oder wiege mit den Schultern im Takt dazu. Dadurch machst du diese verborgenen Rhythmen sichtbar.

Auf Rhythmus-Jagd zu Hause

Wie viele verschiedene Rhythmen kannst du jetzt, in diesem Augenblick, bei dir zu Hause ausmachen? Hier ist eine witzige Erkundungstour, bei der du ein bisschen herumkommst, wenn du versuchen willst, die Rhythmen in deinem Haus zu finden.

Wenn dein Bruder im Keller Ping-Pong spielt, hast du dort einen markanten Rhythmus. Aber wie ist es mit Oma, die im Wohnzimmer mit ihren Stricknadeln zu Gange ist? Gibt es da einen Rhythmus? Sieh bei deinem Vater nach, der in der Küche Gemüse hackt. Oder bei deiner Mutter, die im Garten das Laub zusammenfegt. Wie ist es mit dem Hund, der mit seinem Schwanz wackelt? Oder mit deinem kleinen Bruder, der da liegt und schnarcht?

Findest du noch andere Rhythmen? Versuch doch mal, die Rhythmen im ganzen Haus herauszuhören, vom Keller bis zum Dachboden. Achte dabei besonders auf die verschiedenen Haushaltsgeräte. Das Rumpeln und Surren der Waschmaschine und das Piepen der Mikrowelle haben auch ihren eigenen Rhythmus – du musst nur hinhören.

Jetzt aber Tempo!

Reden wir mal über's Tempo. Wie schnell ist ein Takt? Wie langsam? Das ist das, was mit Tempo gemeint ist. Doch egal, ob es schnell oder langsam ist – die Grundregel für das Tempo lautet: es muss regelmäßig sein.

Das Wie-schnell-wie-langsam-Spiel

Bei diesem Spiel singst du ein Lied – irgendein einfaches Lied, das du kennst, wie *Hänschen klein* – dreimal hintereinander.
Beim ersten Mal klatschst du mit den Händen im Takt mit und singst das Lied so, wie du es kennst, mit einem gleichmäßigen Takt.

Beim zweiten Mal singst du es so laaaaaaangsam wie möglich, während du den langsamen Takt mitklatschst.
Beim dritten Mal singst du so schnell du kannst! Aber denk daran: der Takt muss gleichmäßig sein. Probiere diese verschiedenen Geschwindigkeiten auch mit anderen Liedern aus. Wenn du dieses Spiel gemeinsam mit Freunden spielst, versucht herauszufinden, wer am schnellsten und wer am langsamsten singen und klatschen kann, ohne aus dem Takt zu geraten. (Und wenn ihr anfangt zu kichern, denkt daran, dass auch Kichern sein eigenes Tempo hat!) Es macht auch Spaß, das Takt-Rhythmus-Spiel (S. 27) auf diese Weise zu spielen.

Den magischen Drei auf der Spur

Es macht Spaß, die drei magischen Zutaten Gefühl, Melodie und Rhythmus von Musik herauszuhören. Spiele einfach irgendeine Musik und versuche, jede einzelne zu finden. Natürlich hörst du alle drei Elemente auf einmal. Aber probiere spaßeshalber, eins nach dem anderen aufzuspüren. Lausche der Melodie – wie ein Ton auf den anderen folgt. Dann fragst du dich: „Welche Gefühle hatte der Musikmacher, als er sich diese Musik ausgedacht hat?" Und wie ist es mit dem Rhythmus der Musik? Klopfe ihn mit dem Fuß mit, wenn du ihn herausgefunden hast.
Wenn du Gefühl, Melodie und Rhythmus entdeckst, kommst du dem Körper, dem Herzen und der Seele der Musik auf die Spur!

© Verlag an der Ruhr · Postfach 10 22 51 · 45422 Mülheim an der Ruhr · www.verlagruhr.de

Gesangsübungen

Ein singender Superstar – DU!

Geradestehen, selbstbewusst sein, dich öffnen und den Gesang herauslassen, mehr gehört zum Singen eigentlich nicht dazu.

Man muss es einfach machen.

Du brauchst nur eine kräftige Lunge, eine Kehle und einen Mund, den du öffnest, um das Lied herauszulassen!

Position einnehmen

Um beim Singen den vollsten Klang herauszubekommen, pflanzt du beide Füße fest auf den Boden und hältst den Kopf hoch. Dann schiebst du die Schultern nach hinten und entspannst dich. In dieser Körperhaltung kann sich die Lunge ausdehnen und dir so die größte Kraft geben.

Wenn du es nicht glaubst, mach das folgende Experiment: Mach den Rücken krumm, zieh die Schultern hoch, drück den Brustkorb zusammen und press das Kinn darauf. Und jetzt versuchst du zu singen. Irgendwie ist es ganz schön schwierig, einen Ton herauszubekommen, oder?

Wenn du dich aber gerade machst, die Schultern streckst, den Kopf stolz erhoben hältst und den Mund beim Singen weit aufmachst - dann heißt es aufgepasst! Der Ton, der da herauskommt, ist vollgepackt mit Stimm-Power!

Tief atmen

Beim Singen braucht man eine Lunge voll Luft. Lege deine Hände so auf den Bauch, dass die Fingerspitzen sich berühren. Wenn du nun tief einatmest und so deine Lunge weitest, sollten deine Fingerspitzen ein wenig auseinander gezogen werden.

© Verlag an der Ruhr · Postfach 10 22 51 · 45422 Mülheim an der Ruhr · www.verlagruhr.de

Besonderer Hinweis für Leute, die denken, sie könnten nicht singen

Also, hört mal gut zu, denn hier ist die Wahrheit, schlicht und unverblümt: Jeder Mensch kann singen, auch die, die denken, sie könnten nicht singen. Warum? Weil wir alle eine einzigartige Stimme haben, genau, wie wir ein einzigartiges Gesicht haben. Einige Stimmen sind weich und seidig, andere sind rau und kratzig, manche sind kräftig, andere sind leise. Aber mit jeder Stimme kann man singen – sogar mit deiner!
Überleg doch mal: einige der berühmtesten Sänger der Welt – Leute wie Mick Jagger von den Rolling Stones oder Rod Stewart – haben Stimmen, die irgendwie ziemlich normal klingen. Was ihren Gesang zu etwas Besonderem macht, sind das Gefühl und die Energie, die sie in ihre Musik hineinstecken.

Und genau das ist es, was auch deinen Gesang zu etwas Besonderem machen wird!

♪ *Ein Lied zum Singen*

Ich kann singen, singen, singen,
überall und jederzeit:
auf dem Hof beim
Seilchenspringen,
wenn wir Oma Veilchen bringen,
wenn ich mich im Kreise drehe,
auf den Zehen leise gehe
– meine Stimme ist bereit.

Ich kann singen, singen, singen,
überall und jederzeit:
Ob die Töne leise schwingen
oder streckenweise klingen
wie wenn zehn Motoren röhren
– man kann mit den Ohren hören:
meine Stimme ist bereit. ♪

Aus voller Kehle

Der Grund, weshalb das Singen so einfach ist, liegt in dem musikalischen Dynamo, der sich genau in der Mitte deiner Kehle befindet. Das ist dein Kehlkopf. Wenn du singst, bringt dein Kehlkopf den Ton zum Schwingen und lässt ihn dabei immer stärker werden.
Das ist Musik-Power! Deine Stimme kann sich heben und senken, sie kann schneller oder langsamer werden, leise oder laut klingen. (Wie laut? Da brauchst du nur einen Erwachsenen nach der Zeit fragen, als du ein Baby warst.)

Fühle deinen Kehlkopf

Lege deine Hand auf die Kehle und summe. (Summen ist singen mit geschlossenem Mund.) Die Vibrationen, die du fühlst, kommen vom Kehlkopf. Summe erst höhere und dann tiefere Töne, während du deine Hand weiter auf der Kehle hältst. Hast du das Gefühl, dass sich auch die Vibrationen in deiner Kehle auf und ab bewegen?

© Verlag an der Ruhr · Postfach 10 22 51 · 45422 Mülheim an der Ruhr · www.verlagruhr.de

Ein singender Spielplatz

Mit der Stimme zu spielen macht besonderen Spaß, wenn du dir vorstellst, dass sie wie ein Spielplatz ist. Denk nur an all die großen Spielgeräte im Park und dann überleg dir, wie du sie in Gesang umwandeln könntest.

Auf der Rutsche

Wenn du gerne auf die Spielplatz-Rutsche kletterst, stell dir vor, dass deine Stimme die Rutsche ist. Du beginnst ganz unten auf der Leiter und kletterst auf der Leiter nach oben – bomp, bomp, bomp – bis du oben angekommen bist. Dann singst du „Ahhhhhhhhhh!", von den hohen Tönen bis hinunter zu den tiefen Tönen, und ruuuuuuutschst so hinunter.

Du kannst deine singende Rutsche schnurgerade oder spiralförmig machen. Wenn du unten angekommen bist, hörst du mit einem „Rums" auf!

Eine musikalische Wippe

Bau dir mit einem Freund eine musikalische Wippe – bei diesem Spiel werden zwei Stimmen benötigt. Ein Mitspieler fängt mit einem hohen Ton an, so hoch er kann. Der andere beginnt mit einem ganz tiefen Ton. Dann sehen beide einander in die Augen und beginnen zu wippen. Der Hohe geht runter und der Tiefe geht nach oben. Wenn die beiden in der Mitte das Gleichgewicht halten, singen sie denselben Ton.

Auf der Schaukel

Stell dir vor, dass deine Stimme eine Schaukel ist, die langsam zu schwingen beginnt und immer höher geht, vor und zurück, vor und zurück, höher und immer höher, bis du den Himmel berührst.

Fangen spielen

Musikalisches Fangen spielen hat große Ähnlichkeit mit Ballspielen, doch bei diesem Spiel wird kein Ball hin- und hergeworfen ist, sondern eine Melodie. Ein Mitspieler singt zum Beispiel: *„Hänsel und Gretel verliefen sich im Wald. Es war so ..."* Wenn ihm danach zumute ist, wirft er dem anderen Mitspieler die Melodie zu. Wenn der andere auf Zack ist, greift er die Melodie auf, ohne einen einzigen Ton auszulassen: *„ ... finster und auch so bitterkalt."* Wenn ein Ton ausgelassen wird, beginnt das Lied von vorne. Ihr könnt um Punkte spielen oder nur so zum Spaß.

Mach dir selbst ein Geschenk

Wenn du den Text von einem Lied lernst, das du magst, hast du die Möglichkeit, dieses Lied zu singen, wann immer du dazu Lust hast. Prima! Denn ein Lied ist ein tolles Geschenk, das du dir selber machst! Und überleg mal: selbst wenn du jemandem dieses Lied vorsingst und es ihm damit schenkst, hast du es immer noch für dich selbst!

© Verlag an der Ruhr · Postfach 10 22 51 · 45422 Mülheim an der Ruhr · www.verlagruhr.de

Auf den Vokalen singen

Professionelle Sänger haben ein Geheimnis: sie lassen ihren Gesang dadurch besser klingen, dass sie auf den Vokalen singen und die Konsonanten so schnell wie möglich hinter sich bringen. Vokale sind nämlich Laute, die mit offener und entspannter Kehle gesungen werden und so mehr Schall durchlassen. Konsonanten stoppen den Schall. Vokale lassen den Schall widerhallen.

Vokale: A E I O U
Konsonanten: B C D F G H J K L M N P Q R S T V W X Y Z

Sprechstimme: *Alle meine Entchen*
Singstimme: *Aaaalle meeeeiiiiine Eeeeeentchen*

Sprechstimme: *Bruder Jakob, Bruder Jakob*
Singstimme: *Bruuuuuder Jaaaakob, Bruuuuder Jaaaakob*

Sprechstimme: *Der Mond ist aufgegangen*
Singstimme: *Der Mooooooond ist aufgegaaaaaaangen*

Sing deinen Namen

Sogar ein Name kann ein Lied sein! Man kann so ein Lied ganz leicht selbst machen: sing einfach deinen Namen ganz laut, immer wieder.

Wie viele Töne hat dein Name?
Wenn du Ruth Hahn oder Max Theil heißt, hat dein Name zwei Töne. Wenn du Anna Ohm, Carla Franz oder Tom Jäger heißt, hast du einen Drei-Ton-Namen. Du siehst: die Anzahl der Töne in deinem Namen entspricht der Anzahl der Silben. Also, hast einen Vier-Ton-Namen wie Moritz Hausmann oder Linda Santos? Oder einen Fünf-Ton-Namen wie Carina Meyer? Oder einen Sechs-Ton-Namen wie Gianluca Canello? Manche Leute haben sogar noch mehr Töne in ihrem Namen, zum Beispiel Aleksander Makowsky oder Elisabeth Cappolini!

Simsalabimsalarina Schmitz

Wie immer du heißt, dein Name ist ein fix und fertiges Lied, das du nur noch singen musst. Zu Beginn singst du deinen Namen laut und deutlich auf einem Ton (ohne dabei mit der Stimme hoch oder runter zu gehen). Dann singst du deinen Namen noch einmal, aber diesmal gehst du mit der Stimme hinauf und hinunter. Versuche auch, deinen zweiten Vornamen mit einzubauen, wenn du einen hast, oder deinen Spitznamen. Sing deinen Namen immer und immer wieder, mal laut, mal leise. Sing ihn schnell und langsam. Sing ihn mal jazzig und mal ganz traditionell. Und schon bald wirst du aus all den verschiedenen Möglichkeiten ihn zu singen, die herausfinden, die genau richtig ist.

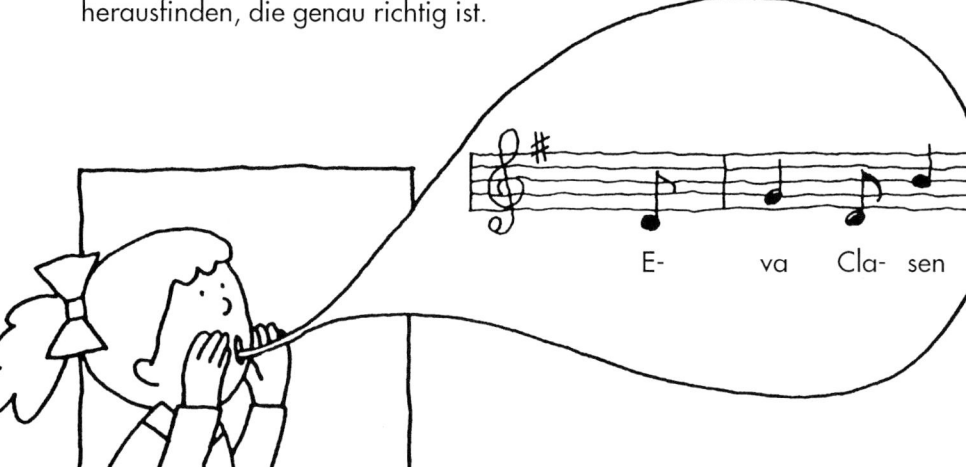

E- va Cla- sen

© Verlag an der Ruhr · Postfach 10 22 51 · 45422 Mülheim an der Ruhr · www.verlagruhr.de

Singen unter der Dusche

Das Badezimmer ist bestens zum Singen geeignet, weil die Kacheln an den Wänden den Klang richtig widerhallen lassen. Das ist wahrscheinlich der Grund, weshalb so viele Leute gerne im Badezimmer singen!
Wenn du noch nie unter der Dusche oder in der Badewanne gesungen hast, hast du eine Menge verpasst! Aber keine Bange: solange es Schmutz gibt, ist es nie zu spät, als Badewannensänger Karriere zu machen.

Plitsch platsch

Eine Vorstellung für Haustiere

Wunder dich nicht, wenn dein Hund zu deinen größten Fans zählt, wenn du singst! Andererseits solltest du auch nicht beleidigt sein, wenn er die Ohren anlegt und sich davonstiehlt, sobald du in Gesang ausbrichst. Tiere reagieren sehr unterschiedlich auf Musik.
Die meisten Tiere scheinen Musik allerdings zu mögen. Wir kennen sogar ein paar, die manche Lieder lieber mögen als andere! Wenn du Glück hast, stimmt dein Haustier in das Konzert mit ein und jault sich die Kehle aus dem Leib!

Ein musikalischer grüner Daumen

Wissenschaftler haben die Wirkung von Musik auf Pflanzen untersucht. Was sie dabei herausgefunden haben, ist wirklich erstaunlich! Sie haben entdeckt, dass Mais tatsächlich besser wächst, wenn man ihm klassische Musik vorspielt! Versuch es doch mal mit deinen Zimmerpflanzen. Wenn du zwei ungefähr gleich große Keimlinge hast, stell sie an verschiedenen Stellen im Haus auf, wo sie dieselbe Menge Licht bekommen. Du musst sie auch beide im gleichen Maße gießen und düngen, doch nur einem von beiden singst du etwas vor oder spielst Musik für ihn. Den anderen stellst du dorthin, wo er nicht viel Musik zu hören bekommt. Vielleicht kannst du nach einiger Zeit beobachten, dass die Pflanze, der du Musik vorgespielt hast, größer und kräftiger ist als die andere.

© Verlag an der Ruhr • Postfach 10 22 51 • 45422 Mülheim an der Ruhr • www.verlagruhr.de

Singen mit Gefühl

Wir Menschen haben Glück, dass wir Herzen haben, die fühlen können, weil es so viel im Leben gibt, worüber man froh sein kann. Aber wenn traurige Sachen passieren, wenn zum Beispiel ein Freund wegzieht, fühlt sich so ein Herz auch schon mal an, als würde es brechen.

Jeder Mensch auf der Welt ist manchmal traurig. Ja, jeder. Trauer ist ein wichtiger Teil vom Mensch-sein. Es macht sicher keinen Spaß, sich so zu fühlen, aber es ist echt und trägt dazu bei, dass unser Leben echt ist.

Singen macht Mut

Es ist vielleicht nicht so leicht zu verstehen, aber wenn du über irgendetwas unglücklich bist, ist das gut. Es ist gut, weil du einen Teil deines eigenen, echten, wirklichen Lebens spürst. Und es kommt sogar noch besser. Traurig sein bedeutet nicht traurig bleiben. Jedenfalls nicht, wenn Musik zu deinem Leben gehört.

Musik ist ein Zauber und deshalb kann sie ein trauriges Gefühl umkehren. Das nächste Mal, wenn du traurig bist, fasst du deine Gefühle in Musik und dann wirst du wissen, was gemeint ist. Wenn dein Hamster gestorben ist oder wenn du jemanden vermisst, solltest du deine Gefühle nicht unter Verschluss halten. Leg Musik auf oder denk dir ein Lied für deine Traurigkeit aus. Auch wenn du nur für dich alleine singst – das Singen wird dir helfen, dich von traurigen Gefühlen zu befreien.

♪ Lied für einen Hund

Ich hatte einen kleinen Hund mit weichen Wuschelohren,
er war so lieb; er war so treu, heut hab ich ihn verloren.
Er ist im Hunde-Himmel, ganz weit weg von mir.
Ach, ich wünsch mir so, er wär noch hier.

Er war mein Freund, war immer für mich da,
war stets an meiner Seite, egal, was auch geschah.
Wenn ich mal traurig war und weinen musste,
dann konnt' ich zu ihm gehen und wusste,
er tröstet mich und er versteht und spürt genau, wie es mir geht.

Jetzt ist er im Hunde-Himmel, ganz weit weg von mir.
Ach, ich wünsch mir so, er wär noch hier. ♪

♪ Für einen entflogenen Kanarienvogel

Mein kleiner gelber Vogel, wo bist du denn nur hin?
Weißt du, dass ich dich vermiss' und furchtbar traurig bin?

Du bist davongeflogen, dein Käfig, der steht leer.
Ach, kleiner gelber Vogel, du fehlst mir ja so sehr.

Ich hoffe, du sitzt sicher auf irgendeinem Ast und wünsch dir, dass du Freiheit und Glück gefunden hast. ♪

Bin gleich zurück!

© Verlag an der Ruhr • Postfach 10 22 51 • 45422 Mülheim an der Ruhr • www.verlagruhr.de

Im Einklang mit anderen

Wenn Töne auf angenehme Weise zusammenklingen, nennt man das Harmonie. Falls du irgendwo ein Klavier auftreiben kannst, drückst du eine weiße Taste und eine schwarze Taste direkt daneben gleichzeitig herunter. Diese beiden Töne passen nicht gut zueinander. Sie harmonisieren nicht miteinander.

Jetzt spielst du eine weiße Taste zusammen mit der übernächsten weißen Taste (die weiße Taste dazwischen lässt du aus). Klingen die nicht toll zusammen? Das kommt daher, dass sie miteinander harmonisieren.

Gemeinsam mit einem Freund kannst du ausprobieren, wie Harmonie funktioniert. Ihr singt beide: „Do, re, mi." (Falls ihr nicht wisst, wie das klingt, fragt einen Erwachsenen.) Dann singt ihr die drei Silben noch einmal, doch diesmal hält einer von euch die erste Note, „do", während der andere die dritte Note, „mi", hält. Der schöne Klang, den ihr hört, wenn „do" und „mi" gleichzeitig gesungen werden, ist Harmonie.

Das passt, das passt nicht

Harmonie sind Töne, die zusammengehören. Dissonanz ist das Gegenteil: das sind Töne, die nicht zusammenpassen, die sich „beißen".

Harmonie, das ist Vanilleeis mit Kirschsirup. Dissonanz, das ist Vanilleeis mit Bratensoße.

Harmonie ist Handschuhe und Schal. Dissonanz ist Sandalen und Schneeanzug. Kapiert? Gut!

Gründe dein eigenes Barbershop-Quartett

Früher, als es in den Vereinigten Staaten von Amerika noch Barbierläden statt Haarstudios gab, fingen die Leute an, dort Harmonien zu singen, um sich die Zeit zu vertreiben. Die Musik, die sie dabei erfanden, nennt man „Barbershop-Singing". Das Wort bedeutet soviel wie „Barbierladen-Gesang". Diese Art von Musik steckt voller Harmonien!

Die ersten Barbershop-Quartette bestanden normalerweise aus vier Männern. Da gab es einen *Tenor*, der die hohen Töne sang, etwas tiefer einen *zweiten Tenor*, einen *Bariton* mit mittlerer Stimmlage und einen *Bass*, der die tiefsten Töne sang.

In Deutschland gab es in den Zwanziger- und Dreißigerjahren des letzten Jahrhunderts Gesangsgruppen wie die Comedian Harmonists, die Spree-Revellers, die Harmony Boys, die Metropol-Vokalisten und die Kardosch-Sänger, die diese Art zu singen nachahmten und damit großen Erfolg hatten.

Du brauchst jedoch nicht unbedingt vier Leute zum Barbershop-Singing. Zwei oder mehr Sänger oder Sängerinnen sind völlig ausreichend. Einer singt die Hauptmelodie und die anderen singen Harmonien dazu und bilden das Echo zu der Melodie. Dadurch entsteht der Barbershop-Effekt.

Besonders gut geeignet für Barbershop-Quartette sind Titel wie *Mein kleiner grüner Kaktus, Veronika, der Lenz ist da, Ein Freund, ein guter Freund* und *Wochenend und Sonnenschein.*

Der Barbershop-Look

Barbershop-Singing macht so viel Spaß, dass ihr vielleicht ein Konzert für Freunde und Familie veranstalten wollt. Und es macht noch mehr Spaß, wenn ihr euch wie Kunden in einem Barbierladen von damals verkleidet. Wenn ihr weiße Hemden mit langen Ärmeln habt, zieht sie an und schiebe eine dunkelfarbige Armbinde über einen Ärmel. Altmodische Nickelbrillen und Fliegen passen auch gut dazu, ebenso wie angeklebte Kaiser-Wilhelm-Bärte. Das Haar wird glatt gestriegelt und in der Mitte gescheitelt. (Die Kaiser-Wilhelm-Bärte könnt ihr auf Pappe aufzeichnen und ausschneiden.) Die Comedian Harmonists sind übrigens meist in Frack, weißem Hemd, weißer Weste und weißer Fliege aufgetreten. Vielleicht findet ihr noch einen alten Zylinder von euren Großeltern – dann seht ihr besonders schick aus.

Der Mond ist aufgegangen

Für richtig tolles Barbershop-Singing ist dieses Lied besonders gut geeignet. Einer von euch singt die Hauptmelodie und die anderen probieren alle möglichen Tonkombinationen aus, die harmonisieren. Versucht nach oben zu gehen, wenn die Melodie nach unten geht oder nach unten, wenn die Melodie nach oben geht. Oder singt auf einem tiefen Ton oder auf einem hohen Ton. Ihr werdet schon bald eure eigenen Harmonien finden.

♪ Sänger Nr. 1:
Der Mond ist aufgegaaaangen,
Sänger Nr. 2 (beginnt als Echo, wenn Nr. 1 „aufgegangen" singt):
Der Mond ist aufgegangen,
Sänger Nr. 1:
die goldnen Sternlein praaaangen
Sänger Nr. 2 (Echo, wie oben):
die goldnen Sternlein prangen
Sänger Nr. 1 und Nr. 2:
am Himmel hell und kla-a-a-r.

(bildet Harmonien nach oben, nach unten, nach rechts, nach links und in alle möglichen Richtungen)

Sänger Nr. 1:
Der Wald steht schwarz und schweiiiiiget,
Sänger Nr. 2 (Echo):
Der Wald steht schwarz und schweiget,
Sänger Nr. 1:
und aus den Wiesen steiiiiiget
Sänger Nr. 2 (Echo):
und aus den Wiesen steiget
Sänger Nr. 1 und Nr. 2:
der weiße Nebel wunderba-a-ar.

(Diese letzte Zeile tragt ihr mit einem Feuerwerk an Harmonien vor!) ♪

Es waren zwei Königskinder

Versucht auch mal, dieses alte Volkslied aus dem 15. Jahrhundert im Barbershop-Stil zu singen. Es eignet sich besonders gut, weil es so langsam ist und harmonisch klingt. Hier ist die erste Strophe des Liedes: sie muss nur noch vom Papier gepflückt und gesungen werden. Denkt daran, dass einer von euch die Hauptmelodie singt und der andere oder die anderen das Echo und die Harmonien beisteuern. Viel Spaß!

♪ *Es waren zwei Königskinder,*
die hatten einander so lieb,
sie konnten zusammen nicht kommen,
das Wasser war viel zu tief,
das Wasser war viel zu tief. ♪

© Verlag an der Ruhr · Postfach 10 22 51 · 45422 Mülheim an der Ruhr · www.verlagruhr.de

Doo-Wop

[sprich: duh-uopp]

„Doo wop 'n shoobie doo, doo wop 'n shoobie doo, doo wop 'n shoobie doo, whoa-oh-oh-oh-oooooohhh!" Versuche mal, diese Wörter laut vorzulesen. Das Doppel-o spricht man übrigens wie „uh" aus. Wetten, dass du das nicht machen kannst, ohne in Musiklaune zu geraten? Es ist nämlich so: Doo-Wop hat einfach diese Wirkung auf Leute! Ganz normale Menschen beginnen plötzlich zu singen, sobald sie diese vertrauten Laute hören. Doo-Wop ist wirklich ansteckend.

Wie es alles anfing

Wenn du in einem Lexikon nach der „Geschichte des Doo-Wop" suchst – Fehlanzeige! Doch soweit wir wissen, wurde er in den Fünfziger-jahren in Brooklyn, New York, geboren. An heißen Sommer-abenden standen die Teenager an den Straßenecken und sangen die neuesten Hits.
Und weil sie keine Instrumente hatten, benutzten sie stattdessen ihre Stimmen. „Doo Wop 'n Shoobie Doo" sollte wahrscheinlich den Klang eines Klaviers oder einer Schnarrtrommel nachahmen. Doo-Wop klang so gut, dass er bald überall gesungen wurde.

Wie man's macht

Beim Doo-Wop gibt es einen Leadsänger (das heißt soviel wie „die führende Stimme") – normalerweise eine hohe Tenor- oder Sopranstimme – der die Melodie des Liedes singt. Als Unterstützung für den Leadsänger steuern seine Freunde die Har-monien und den Rhythmus bei.

Derjenige mit der tiefsten Stimme übernimmt den Bass und singt den Rhythmus so, als wäre er eine Bassgeige. Er singt dann etwas wie „bum, bum, bum, wah diddy-bum, bum, bum, wah-diddy."
Bei schnellen Liedern wird auch mit den Fingern geschnippt und auch die anderen Doo-Wop-Wortfolgen wie „jip, jip, jip, jip, ram a lam a ding dong" und Ähnliches kommen zum Einsatz. Leise gesungene Harmonien wie „oh whoa" und „wooooo" begleiten langsame Lieder und geben ihnen Pep.

Zwei berühmte Doo-Wop-Lieder sind *In the Still of the Night* und *Blue Moon*. Gruppen, die Doo-Wop in ihrer Musik einsetzten, sind The Four Seasons, The Platters und The Persuasions. Frage einen Erwachsenen, ob er noch alte Platten dieser Gruppen hat. Vielleicht kann er sogar bei einem Radiosender anrufen und dort einen Doo-Wop-Song für dich spielen lassen. Wenn du ihn gehört hast, willst du mit deinen Freunden bestimmt den Doo-Wop in euch entdecken!

Scat-Gesang

Hast du schon mal gehört, wie jemand etwas wie „Schu ba diddi duh, schu ba diddi duh, schubi, schubi duh, schubi, schubi duh … " gesungen hat? Das war Scat-Gesang. Beim Scat-Gesang (sprich Scät-Gesang) benutzt du deine Stimme wie ein Instrument und singst an Stelle von Wörtern sinnlose Silben, die zu der Melodie passen, die du singst. Scat-Gesang ist so eine Art Jazz-Gesang und macht riesigen Spaß! (Zur Jazz-Musik erfährst du einiges auf den Seiten 117 – 119) Ella Fitzgerald, King Pleasure und Sarah Vaughn waren einige der größten Scat-Sänger aller Zeiten. In deiner Familie gibt es vielleicht jemanden, der Musik von ihnen auf Schallplatte oder CD hat. Sonst kannst du sie bestimmt in deiner Stadtbücherei finden. Auch du kannst Scat singen. Du brauchst nur ein instrumentales Jazzstück (das ist Jazzmusik ohne Worte) zum Mitsingen zu finden. Suche dir einen Sender im Radio, der Jazzmusik spielt (den findest du wahrscheinlich irgendwo auf UKW)

und singe mit – im Scat-Stil. Du kannst auch ein Lied, das du kennst, erst ganz normal singen, und wenn du in der Mitte angelangt bist, fängst du an, Scat zu singen.

Der Kanon

Ein Kanon ist ein Lied, das mit sich selbst harmonisiert. Wenn du ein solches Lied singst, setzt ein anderer Sänger an der richtigen Stelle ein und die Melodie geht immer weiter und weiter.
Kanon-Singen macht großen Spaß. Das Schwierige daran ist, die eigene Melodie durchzuziehen, während die anderen Sänger etwas anderes singen.

Bruder Jakob

Dies ist vielleicht der bekannteste Kanon. Es ist ein vierstimmiger Kanon. Der zweite Sänger setzt ein, wenn der erste Sänger bei „schläfst du noch" angekommen ist, der dritte Sänger beginnt das Lied, wenn der erste „Hörst du nicht die Glocken" singt. Der vierte beginnt zu singen, wenn der erste singt: „Ding dang dong!"

Hier sind die Titel von einigen bekannten Kanons. Wenn du sie nicht kennst, such dir jemanden, der sie dir beibringen kann:

Bruder Jakob
He, ho, spann den Wagen an
Heut ist ein Fest bei den Fröschen am See
Wo zwei oder drei
Trara, das klingt wie Jagdgesang
C-a-f-f-e-e
Es tönen die Lieder
Froh zu sein, bedarf es wenig

© Verlag an der Ruhr · Postfach 10 22 51 · 45422 Mülheim an der Ruhr · www.verlagruhr.de

Melodien-Mischmasch und Melodien-Mix

Ist es dir schon mal passiert, dass du gerade Radio gehört hast, als deine Schwester, eine Melodie summend, ins Zimmer kam, während dein Vater den Fernseher einschaltete, wo in diesem Moment eine Filmmusik gespielt wurde? Dann weißt du, dass es einen Musik-Mischmasch gibt, wenn zu viel Musik gleichzeitig gespielt wird. Wahrscheinlich wolltest du dir die Ohren zuhalten, um dem Durcheinander unvereinbarer Klänge zu entkommen – und das kann man dir wirklich nicht übel nehmen! Aber wusstest du auch, dass einige ganz besondere Lieder auf zauberhafte Weise zusammenpassen? Wir nennen das einen Melodien-Mix. Tatsächlich kannst du sogar sechs Melodien gleichzeitig singen und sie klingen einfach toll! Das glaubst du uns nicht? Nun, dann lies weiter. Wir werden es beweisen und dir zeigen, wie's geht.

Melodien-Mix
Hier ist eine Liste von Liedern, die du bestimmt kennst:
When the Saints Go Marching In
Go, Tell It On the Mountains
Hab mein Wage vollgelade
Aus grauer Städte Mauern
Am Brunnen vor dem Tore

Jedes Lied hat eine andere, ganz eigene Melodie, doch diese Melodien bergen ein Geheimnis. Wenn man sie alle gleichzeitig ohne Worte singt oder summt, klingen sie einfach fantastisch! Der Grund dafür ist etwas, das man Kontrapunkt nennt.

Und so geht's:
Jeder Sänger sucht sich eine Melodie aus, die er auf „la, la, la" singt. Der erste singt seine Melodie alleine, während die anderen im Takt dazu klatschen. Er singt immer weiter, aber beim zweiten Durchgang kommt ein anderer Sänger dazu und singt eine andere Melodie von der Liste. Dann ist der Dritte an der Reihe, dann der Vierte und so weiter, bis alle zusammen singen. Aber nicht vergessen: bei einem Melodien-Mix könnt ihr nicht den Text singen, denn wenn ihr das tut, klingt der Mix wie Mischmasch.

Das Geheimnis eines gelungenen Melodien-Mixes liegt darin, dass man einen gleichmäßigen Rhythmus beibehält und sich nicht von der Melodie des Liedes abbringen lässt, das man singt – egal, was man von den anderen Sängern hört. Fallen dir noch mehr Melodien ein, die zu diesem Mix passen würden? Es gibt jede Menge!

Mehr Melodien-Mixe
Hier ist eine weitere Gruppe von Liedern, die gut zusammenpassen:
Bruder Jakob
Hänschen klein
Hopp, hopp, hopp
Ringlein, Ringlein, du musst wandern
Ringel, Rangel, Rose
Der Kuckuck und der Esel

P.S. Ein Melodien-Mix funktioniert auch sehr gut mit Kazoos.

Alles rappt!

He, DU da, DU da, hör mal HER!
Hier ist was, das ist COOL,
Hier ist was, das ist TOLL,
Und es ist auch gar nicht schwer.
Rap doch einfach LOS,
überleg nicht GROSS,
dir fällt da bestimmt was ein
muss ja auch kein KUNSTwerk sein.
Rap doch über deinen Bruder
Und sein ewiges Geschluder,
Das dir auf die Nerven geht,
Auch wenn ihr euch gut versteht
Rap doch ÜBER deine Schule,
Über LEHRER, doofe, coole,
über Sachen, die du LERNST,
aber mach es nicht so ERNST,
denn mit Rap kannst du auch lachen
über jede Menge Sachen.
RAPper, RAPper, RAP mit mir,
rap mit, rap mit, rap mit, rap mit
mir,
RAP MIT!
Jo!

Eine Stimme wie eine Trommel

Rap ist Singen wie eine Trommel.
Das Wort Rap kommt in dem Begriff
Rapport vor, und das heißt soviel
wie eine ganz besondere,
vertrauliche Art, miteinander zu
sprechen. Es gibt außerdem den
amerikanischen Slang-Ausdruck ‚to
rap', der ‚quasseln' bedeutet.
Rap-Musik hat einen markanten
Rhythmus, bei dem der unbetonte
Taktteil betont wird. Das nennt man
Synkopierung.

Das ist Rap:
Komm her und TANZ den TANZ
Mit Schwung und E-le-GANZ.

Das ist kein Rap:
Komm HER und TANZ
Mit E-le-GANZ.

Einen Rap selber machen

Um dir einen Rap auszudenken,
musst du kein genialer Dichter sein!
Du musst allerdings ein bisschen
frech und verrückt sein, und
außerdem ist Sinn für Humor eine
große Hilfe. Im Rap kannst du
deinen Gefühlen freien Lauf lassen –
selbst deiner Wut. Wie wär's mit
einem Rap, der deine ehrlichen und
unverblümten Gefühle über die
zusätzliche Hausaufgabe zum
Ausdruck bringt, die dein Lehrer dir
am letzten Freitag aufgegeben hat?
Hmm?
Es gibt noch eine andere Methode,
einen Rap zu machen. Dabei nimmst

du ein Ereignis, egal ob ein
erfundenes oder eins, das sich
tatsächlich zugetragen hat, und
machst daraus ein Lied.

Zum Beispiel:
Gestern ABEND wollt ich raus aus'm
Haus und ich war schon an der
HAUStür, mit der Klinke in der
Hand, tja, was meinste wohl, wer
kommt da angeRANNT?

Ja, naTÜRlich meine Mutter, sie
guckt mich böse an, was ich
überhaupt und ganz und gar nicht
leiden kann. Und dann GEHT das
Donnerwetter auch schon los: „Hör
mal ZU mein Sohn ... „, in diesem
altbekannten Mutter-Nörgel-Ton.

Ich klapp lieber mal die Ohren
runter und dann SCHIMPFT sie auch
schon los, worum GEHT es hier denn
bloß? „Wie OFT muss ich dir noch
sagen ... was für ein Betragen ... !"
Himmel, soll ich hier
verSAUERN, wie lang
SOLL das denn noch
dauern?

„Hab dir X-mal schon
gesagt, du sollst den
Müll rausbringen!" Aber
JA, ich kann es bald schon singen!

Also, das ist dein ProBLEM?
„Ja, denn du bist zu bequem!"

Ach, REG dich doch nicht auf! Ich
geh halt wieder RAUF und schnapp
mir diesen blöden Müll und dann
mach SCHLUSS mit dem Gebrüll!
Nein BESTIMMT vergess' ich es nicht
mehr, dafür stört mich dein
GeSCHREI zu sehr.

Das verSPRECH ich hoch und heilig,
aber jetzt, jetzt hab ich's eilig.
Tschüß, Mama!

Jetzt bist du dran!

Wenn du die Arbeit von ein paar
tollen Rappern kennen lernen
möchtest, sieh dich nach Musik von
den „Fat Boys", von „Sabrina
Setlur" oder von den „Fantastischen
Vier" um. Versuch es auch mal mit
Moon Walking und Hip Hop. Das
sind Tänze, die zum Rap passen
(siehe „Tanzvergnügen", Seite 57.)

© Verlag an der Ruhr • Postfach 10 22 51 • 45422 Mülheim an der Ruhr • www.verlagruhr.de

Eine Märchenoper

Auch du kannst ein Opernstar sein! Eine Oper ist eine Geschichte, die mit Musik und Liedern erzählt wird. In Opern gibt es einige der leidenschaftlichsten Geschichten und schönsten Musikstücke, die die Welt jemals gekannt hat. Wenn du gerne schauspielerst und singst, kannst du mit deiner Familie und deinen Freunden eine Oper erfinden. Die Geschichte, die eure Oper erzählt, kann albern oder ernst sein. Ihr könnt euch die Geschichte ausdenken oder eine nehmen, die du schon kennst. Für den Anfang ist es eine gute Idee, auf ein altbekanntes Märchen zurückzugreifen. Ihr wisst ja schon, was in eurer Oper passiert, und deshalb müsst ihr nur noch die Musik erfinden und dann die Geschichte spielen. Versucht es mal – es macht Spaß!

Rotkäppchen – eine Oper

Wenn ihr vier oder mehr Mitspieler zusammenbekommt, könnt ihr *Rotkäppchen* als Oper aufführen. Einige Schauspieler können mehr als eine Rolle übernehmen. Zum Beispiel können Rotkäppchens Mutter und Großmutter von einem einzigen Darsteller gespielt werden.

Die handelnden Personen
Rotkäppchen
Rotkäppchens Mutter
Der böse Wolf
Großmutter
Der Jäger
Bäume

Wenn ihr mehr Leute habt, die mitspielen wollen – prima! Sie können den Chor übernehmen. Das ist eine Gruppe von Leuten, die mithilft, die Geschichte der Oper zu erzählen. (Wenn ihr nicht genügend Darsteller für den Chor habt, können diejenigen, die den Jäger und die Großmutter spielen, die Rolle des Erzählers übernehmen.)

Requisiten und Kostüme

Requisiten sind Gegenstände, die bei einer Opernaufführung benutzt werden können. Rotkäppchens Korb und das Gewehr des Jägers sind zum Beispiel solche Requisiten. Was die Kostüme angeht, so sollte Rotkäppchen natürlich eine – was wohl? – eine rote Kappe oder Kapuze tragen. Großmutter kann ein Schultertuch haben, das sich der Wolf ausleiht, wenn er sich verkleidet.

Ein Gewehr basteln

Ihr könnt dem Jäger ein Gewehr aus Pappe basteln. Dazu malt ihr mit Bleistift die Form des Gewehrs auf die Pappe. Schneidet sie aus und malt sie braun und grau an.

Rotkäppchens Kapuze

Rotkäppchens Korb

Das Gewehr des Jägers

Großmutters Schultertuch

Und was ist mit der Melodie?

Die Musik zu eurer Oper erfindet ihr beim Singen und Spielen. Wenn ihr daran denkt, die Töne hoch und runter wandern zu lassen, kann gar nichts schief gehen. Außerdem solltet ihr das, was ihr sagen wollt, klar und deutlich singen. Und keine Angst vor Übertreibungen! Opern sind reines Drama und da ist alles erlaubt – solange es verrückt genug ist!

Rotkäppchen – eine Märchenoper

Der Schauspieler in der Rolle des *Jägers* tritt vor und verkündet (natürlich zu einer erfundenen Melodie): „Eine spannende Geschichte, liebe Leute, zeigen wir euch hier und heute. Handelt von 'ner jungen Dame, Rotkäppchen ist ihr Name. Zu Beginn von der Geschicht' hör'n wir, wie die Mutter spricht."

Rotkäppchens Mutter tritt auf. Sie hält einen Korb in der Hand. Sie singt (ungefähr): „Rotkäppchen, mein Töchterlein, nimm diesen Korb mit Brot und Wein und bringe ihn recht bald zu Großmutters Haus im dunklen Wald."

Rotkäppchen tritt auf, ein fröhliches Mädchen. Sie nimmt den Korb und antwortet der Mutter (natürlich in gesungener Form): „Gib mir den Korb, liebe Mutter, und ich laufe geschwind zu Großmutters Haus, so schnell wie der Wind."

Mutter (singt, etwa die folgenden Worte): „Das ist schön, mein Kind! Nun lauf, doch unterwegs passt du gut auf. Im Wald gibt's manchen Bösewicht, drum bleib nicht steh'n und plauder nicht, und die kranke Oma braucht ihr Essen, das wirst du doch wohl nicht vergessen!"

Worauf *Rotkäppchen* antwortet: „Ja, Mutter. Nein, Mutter."

Rotkäppchen hüpft im Kreis herum, während die Mutter in den Hintergrund tritt und von der Spielfläche verschwindet. Dadurch kann das Publikum erkennen, dass ein Ortswechsel stattgefunden hat. Rotkäppchen befindet sich nun im Wald.

Die *Bäume* (der Chor) singen: „Wir sind die Bäume, wir raten dir: hör auf die Mutter und folge ihr!"

Die Bäume können ihre Blätter schütteln (das sind ihre Hände und Finger) und so tun, als ginge ein kalter Wind. Die *Bäume* singen: „Wind … oooooooooooh! Aaaaaaaaaaaaaah! Sieh dieses Kind!"

Der *böse Wolf* tritt auf. Er sollte so auf die Spielfläche schleichen, als würde Rotkäppchen ihn nicht bemerken. Er singt (zum Publikum gewandt): „Ein kleines Mädchen, oh, das ist köstlich, das ist lecker! Genau das Richtige für einen Feinschmecker!"

© Verlag an der Ruhr · Postfach 10 22 51 · 45422 Mülheim an der Ruhr · www.verlagruhr.de

Rotkäppchen singt: „Tra, la, la," oder irgendein Wanderlied. Dann sieht sie den Wolf und ihr Gesang verstummt. Sie guckt ängstlich, doch der Wolf beruhigt sie.

Der Wolf (singt fröhlich): „Ach, das Rotkäppchen, sieh an, sieh an! Was machst du denn hier im dunklen Tann?"

Worauf *Rotkäppchen* singend antwortet: „Ach, Herr Wolf, auch wenn Sie noch so freundlich fragen, ich darf's wirklich keinem sagen, dass ich zu der Oma will, also bin ich mäuschenstill!" (Es hat ja nie jemand behauptet, dass Rotkäppchen besonders helle ist, oder?)

Rotkäppchen hüpft von der Bühne und singt dabei leise: „Tra, la, la."

Der Wolf schleicht hinter ihr her, vielleicht mit einem boshaften (und natürlich melodiösen) „Ha, ha, ha, ha!" auf den Lippen.

Die Großmutter betritt die Bühne. Sie trägt ein Schultertuch. Sie setzt sich in einen Sessel und strickt. Der nächste Teil der Geschichte wird ohne Worte erzählt; man hört nur klangvolles Aufschreien und Grunzen. Der Chor kann diese Laute durch spannungsgeladenes Aufstöhnen kommentieren.

Der Wolf schleicht sich von hinten an die Großmutter heran und schließt sie in einen imaginären Schrank ein (außerhalb der Spielfläche). Nachdem er sie beiseite geschafft hat, setzt er sich in ihren Sessel, legt sich das Tuch um die Schultern und beginnt zu stricken.

Rotkäppchen kommt auf die Bühne. Sie ist zuerst sehr fröhlich. Vor der imaginären Tür von Großmutters Haus bleibt sie stehen und singt:

„La, la, la. Liebe Großmutter, mach auf die Tür, dein kleines Rotkäppchen ist hier! Die Mutter schickt einen Korb mit Brot und Wein, der soll dir Trost und Stärkung sein!"

Der Wolf (als Großmutter verkleidet) singt. Besonders wirkungsvoll ist es, wenn er Rotkäppchens Melodie aufgreift und wiederholt. „Komm herein, mein Kind, bring den Korb nah heran, weil ich mit meinen Augen nicht gut sehen kann!" Vielleicht können *die Bäume*, am Rand der Spielfläche stehend, an dieser Stelle eine Warnung singen: „Rotkäppchen, Rotkäppchen, geh lieber fort, dies ist gewiss kein guter Ort!"

Aber ach! *Rotkäppchen* tritt näher an den Wolf heran und singt dann mit leiser Stimme: „Großmutter, Großmutter, warum hast du so große Ohren?"

Der Wolf singt: „Damit ich dich besser hören kann!"

Rotkäppchen geht noch einen Schritt näher und singt

(vielleicht in einer etwas höheren Tonlage): „Großmutter, Großmutter, warum hast du so große Augen?"

Der Wolf singt (mit derselben Melodie wie seine vorherige Antwort, aber vielleicht ein bisschen höher): „Damit ich dich besser sehen kann!"

Rotkäppchen singt: „Großmutter, warum hast du so große Zähne?"

Der Wolf singt (und zieht dabei alle Register): „Damit ich dich besser fressen kann! Ha! Ha! Ha!"

Der Wolf springt auf und stürzt sich auf Rotkäppchen, die erschreckt aufschreit – natürlich ganz melodiös. (Opernsänger kreischen nicht – sie gleiten mit der Stimme auf- oder abwärts. Das nennt man „glissando".)

Auf der anderen Seite der Bühne kommt der Jäger mit dem Gewehr über der Schulter daher. Er hört Rotkäppchens herzerweichende, aber klangvolle Schreie und stürzt in die Mitte der Spielfläche.

Der Jäger (singt): „Lass das Mädchen los, sonst setzt es was!"

Der Wolf (singt): „Ach, Herr Jäger, lange nicht gesehen! Wissen Sie, ich wollte grade gehen! Tiddeldidum!"

Er geht ab.
Hinter der Bühne stampft jemand kräftig mit dem Fuß auf.
Die Großmutter singt mit der Hand vor dem Mund: „Lasst mich raus, lasst mich raus!"
Der Jäger und Rotkäppchen finden die Großmutter und befreien sie.
Rotkäppchen singt: „Liebe Großmutter, nun bist du wieder frei!"
Die Großmutter singt: „Ja, das ist gut. Besten Dank, ihr zwei! Möchtet ihr ein Gläschen Wein?"
Der Jäger singt: „Da sag ich nicht nein!"

Die Bäume und *Rotkäppchen* singen: „So soll es sein!"
Alle zusammen: „Tra, la, la, la, la! Ha, ha, ha, ha, ha!"

In dieser Version von Rotkäppchen als Märchenoper frisst der Wolf die Großmutter und Rotkäppchen nicht auf. Dies ist natürlich nur ein Vorschlag, wie du es machen könntest. Eine Oper zu erfinden macht gerade dann besonderen Spaß, wenn man sich selbst dramatische, alberne, witzige oder ernste Texte zum Singen ausdenkt.

Den Tisch decken: eine Operette in einem Akt

Hiermit kannst du deine Familie überraschen. Du singst, während du den Tisch deckst:

„Hallo, Mama, heute Mittag decke ich den Tisch. Was gibt es denn zu essen? Wie? Salat und Fisch? Dann nehm' ich Gabeln und auch Messer und Servietten, das ist besser." ...
„Jetzt lege ich die Teller auf!" ...
„ Wo sind denn die Tassen hin?"

Als Stoff für eine normale Unterhaltung wäre das wahrscheinlich furchtbar langweilig, aber wenn man singt, macht sogar das Tischdecken Spaß.

Hier sind noch mehr Themen für Operetten:
Der erste Schultag nach den Sommerferien
Ferienspaß
Das entscheidende Fußballspiel
Als Großvater die Großmutter kennen lernte
Zukunftsträume
Zelten in der Wildnis

Du willst noch gar nicht aufhören zu singen? Dann geh weiter zu dem Kapitel „Und jetzt alle Zusammen" (S. 125).

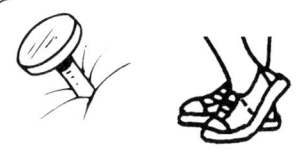

Tanzvergnügen

Tanzen ist Lebensfreude

Tanzen ist das, was passiert, wenn du dich zur Musik bewegst und dich im Takt vergnügst. Damit sagst du: „Hey, ich lebe!" Und du sagst es nicht nur mit Worten, sondern mit deinem ganzen Körper!
Tanzen kann aus Musik entstehen, die du im Kopf hast oder wenn du Musik hörst, die dich nicht mehr ruhig sitzen lässt, einfach so, aus Spaß.
Wenn du tanzt, kann dein Körper sich recken, kann sich winden, springen und stolzieren. Du kannst hüpfen, gleiten, gehen und fließen. Kein Wunder, dass Tanzen sich so gut anfühlt!

© Verlag an der Ruhr · Postfach 10 22 51 · 45422 Mülheim an der Ruhr · www.verlagruhr.de

Der Tanz der Dinosaurier

Spiele lustige Musik oder denk dir selbst eine Melodie aus. (Wenn du das Lied „Es regnet ohne Unterlass" kennst, kannst du auch diese Melodie nehmen. Sie passt nämlich genau zu den Worten.) Und dann tanzt du!

♪ *Der Tanz der Dinosaurier*
Beim Tanz der Dinosaurier wird's meistens ziemlich laut,
denn so ein Dinosaurier ist groß und stark gebaut.
Sie klatschen in die Hände, dass es nur so kracht
und es klingt wie Donnergroll'n, wenn mal einer lacht.

Beim Tanz der Dinosaurier geht's richtig lustig zu.
Sie tanzen durch die ganze Nacht und geben keine Ruh.
Sie wackeln mit den Köpfen und zucken mit dem Schwanz,
denn so was gehört dazu zum Dinosaurier-Tanz.

Beim Tanz der Dinosaurier geht allerlei zu Bruch,
die Bäume splittern und die Luft ist schwer von Brandgeruch.
Sie trampeln mit den Füßen, dass die Erde bebt.
Ach, so etwas Schauriges hast du noch nie erlebt!

Der Tanz der Dinosaurier, der ist ja gar nicht schwer.
Du hüpfst ein paar Mal auf und ab und zappelst hin und her.
Du wedelst mit den Armen, bis du müde bist.
Da siehst du wohl, dass dieser Tanz ganz leicht zu lernen ist. ♪

Freier Tanz

Freier Tanz ist Tanzen nach Lust und Laune, so wie es dir gefällt. Es gibt keine Regeln und keine festgelegten Schritte. Bei dieser Art zu tanzen bewegst du dich zur Musik und bist einfach nur du selbst. Du kannst dich recken und auf die Zehenspitzen stellen oder mit schweren Füßen dahertrotten. Du kannst mit den Armen wedeln oder dich zur Musik wiegen und dich dabei kaum von der Stelle rühren. Lass die Musik deinem Körper sagen, was er tun soll. Dann entsteht dein Tanz ganz von allein.

Tanzen mit Schals und Bändern
Du kannst den freien Tanz dadurch noch schöner machen, dass du beim Tanzen einen Schal oder ein langes, schmales Band in der Hand hast. Der Schal oder das Band werden zu einer Ergänzung deiner selbst – so als wären deine Arme plötzlich zwei Meter lang. Auf einmal füllst du zusammen mit der Musik einen großen Raum aus. Fühlt sich gut an. Tanzen mit Schal oder Band macht riesigen Spaß, wenn du moderne, klassische oder jede andere Art von Musik spielst. Wenn dir der Sinn nach einem ganz besonderen Erlebnis steht, probier den Schal- oder Bandtanz mal mit Strawinskis „Feuervogel".

Ein Gedicht tanzen
Wie wär's mit einem leichten Tanzspiel? Ein Mitspieler liest (oder singt) das Gedicht, während die anderen es mit Gesten und Bewegungen begleiten. Wenn ihr wollt, könnt ihr euch auch beim Lesen eine Melodie ausdenken, die zu den Worten passt. Aber vielleicht findet ihr auch, dass es Spaß macht, zum Rhythmus der Worte zu tanzen. Denn Gedichte haben einen Rhythmus, den man Metrum nennt.

♪ *Kannst du auf Zehenspitzen schleichen*
wie 'ne Katz' auf ihren weichen Pfoten durch die Räume huscht?

Kannst du stampfen, laut und kräftig,
dass der Dielenboden heftig knarrt und bebt und wackelt?

Kannst du stolz und vornehm schreiten,
schlangengleich durchs Zimmer gleiten
ohne an den Stuhl zu stoßen? ♪

© Verlag an der Ruhr · Postfach 10 22 51 · 45422 Mülheim an der Ruhr · www.verlagruhr.de

Ballett tanzen

Ballett ist ein Tanz, mit dem eine Geschichte erzählt wird. Was die Oper beim Singen ist, ist das Ballett beim Tanzen. Man nennt Ballett auch klassischen Tanz, weil es strengen Regeln folgt und normalerweise zu klassischer Musik getanzt wird. Weibliche Balletttänzer nennt man *Ballerinas*. Sie sind muskulös, stark und sicher auf den Beinen, doch sie tragen Kleider, die sie leicht und zart aussehen lassen, beinahe zerbrechlich.

Sie tragen kurze duftige Röckchen, die man *Tutus* (sprich: tütüs) nennt, darunter ein *Trikot* und *Strumpfhosen*. Manchmal haben Ballerinas besondere Schuhe an den Füßen, die man *Spitzenschuhe* nennt. Diese Schuhe haben ein Holzstückchen in der Spitze, das es den Ballerinas möglich macht, auf den Zehenspitzen zu tanzen. Männliche Balletttänzer sind ebenfalls sehr stark und muskulös. Sie tragen *Trikots* und *Strumpfhosen* und manchmal binden sie sich eine Schärpe um die Taille. Sie können oft sehr große Sprünge hoch in die Luft machen.

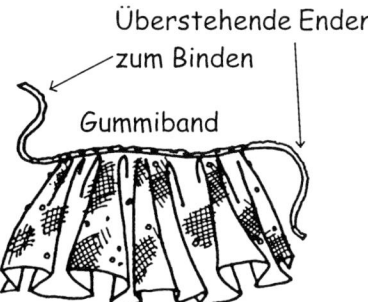

Überstehende Enden zum Binden

Gummiband

Netzstoff

Wie du dir ein Tutu oder eine Schärpe nähst

Ein Tutu zu nähen ist nicht besonders schwierig. Du brauchst nur einen Streifen Netzstoff oder einen anderen leichten, duftigen Stoff, ein Stück Gummilitze, ein paar Stecknadeln, eine Nähnadel und Garn. Zunächst dehnst du das Gummiband und steckst den Netzstoff daran fest. Das Gummiband ist das Rockbündchen. (Achte darauf, dass du an beiden Seiten genügend Gummiband überhängen lässt, um das Tutu später umbinden zu können.) Nun nähst du das Gummiband an den Netzstoff und nimmst die Stecknadeln heraus. Wenn dein Tutu ein wenig glitzern soll, tupfst du Kleber auf den Stoff und bestreust die Tupfen mit Flitter.
Wenn du eine Schärpe haben möchtest, bindest du dir einen

langen Schal aus fließendem Stoff um die Taille. Oder du nimmst ein Stück Stoff, das zweimal so lang ist wie dein Taillenumfang, faltest es der Länge nach so auf die Hälfte, dass die rechte Stoffseite innen liegt und nähst dann die Schmalseiten zu. Dann wendest du den Stoff, sodass die rechte Seite außen liegt und nähst die offenen Kanten aufeinander. Wenn du magst, verzierst du deine Schärpe mit Flitterpunkten. Für eine Schärpe mit besonderem Pfiff nähst du zwei Stoffstücke in leuchtenden Farben aneinander.

Rechte Stoffseite innen
Die Schmalseiten
zusammennähen

Die rechte Seite nach
außen wenden
Die Unterkante nähen

Die fünf Grundpositionen im Ballett

Beim Ballett gibt es fünf Körperhaltungen, die die Tänzer auf der ganzen Welt kennen. Sie gehören zur Fachsprache des Ballett und sind das Erste, was ein neuer Ballettschüler lernt.

Du kannst sie auch lernen! Du musst sehr gerade und hoch aufgerichtet stehen, mit erhobenem Kopf. Lass im Hintergrund leise Klaviermusik spielen, um in die richtige Stimmung zu kommen.

Nimm zuerst eine Grundposition ein, so wie unten beschrieben. Aus dieser Position heraus versuchst du ein „Plié". Dafür behältst du die Grundposition bei und beugst dann langsam die Knie so weit du kannst. Der Rücken bleibt dabei ganz gerade. Dann kommst du langsam wieder hoch.

In der *ersten Grundposition* hältst du die Arme nach unten. Dabei zeigen die Fingerspitzen gegeneinander, so dass die Arme ein anmutiges Oval bilden. Die Fersen berühren sich und die Zehen zeigen so weit wie möglich nach außen. Gut. Nun tief einatmen und – Plié.

In der *zweiten Grundposition* sind die Arme seitlich abgespreizt und bis in die Fingerspitzen graziös gestreckt. Die Füße sind ebenfalls gespreizt, die Zehenspitzen zeigen weiterhin nach außen. Und nun: Plié.

In der *dritten Grundposition* kommen die Füße wieder zusammen. Dabei berührt die Ferse des einen Fußes den Spann des anderen. Deine gewölbten Arme hältst du anmutig vor den Körper, als wolltest du einen großen Kreis mit ihnen beschreiben. Dein Rücken ist schön gerade und hochgereckt. Du siehst wirklich wunderbar aus, also: Plié!

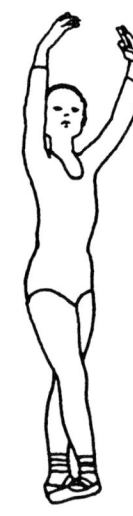

In der *vierten Grundposition* gleitet der Fuß, der den Spann des anderen Fußes berührt hatte, nach vorne. Ein Arm wird in einer leichten Wölbung über den Kopf geführt, während der andere nach vorne zeigt. Und jetzt: Plié!

In der *fünften Grundposition* hebst du beide Arme in einem graziösen Oval über den Kopf. Die Beine sind gekreuzt, die Füße stehen so gegeneinander, dass die Ferse des einen Fußes die Spitze des anderen berührt und umgekehrt. (Dies ist eine sehr schwierige Position; probiere sie ein paar Mal aus!) Und nun: Plié! Schritt! Laufen! Sprung!

© Verlag an der Ruhr · Postfach 10 22 51 · 45422 Mülheim an der Ruhr · www.verlagruhr.de

Indianertänze: die Kraft des Kreises

Für die Indianer, die Ureinwohner des amerikanischen Kontinents, sind Singen und Tanzen eine Danksagung an das Leben. Sie besingen und „betanzen" alles in ihrem Leben, sogar ihre Träume. Sie glauben, dass Tanz und Gesang Zauberkräfte innewohnen, die den Musikmachern helfen, ihre Botschaft geradewegs in den Himmel zu schicken, zum Großen Geist! Die meisten Indianertänze werden in Kreisform abgehalten.

Kreistänze bringen die Leute zusammen. Wenn man in einem Kreis tanzt, kann jeder sich selbst und seine Gefühle zum Ausdruck bringen und trotzdem tanzen alle gemeinsam. Für diese Tänze sind kleine Schellen und selbst gemachte Trommeln gut geeignet (siehe „Einfache Musikinstrumente", Seite 59). Du kannst auch zu typisch indianischer Musik tanzen, die du dir aus der Stadtbücherei ausleihst.

Zunächst setzt du die Fußspitze mit einem „tap", also einem leichten Klopfen, auf dem Boden auf. Dann folgt die Ferse dieses Fußes, während der andere Fuß nach vorne geht und mit der Fußspitze das „tap" übernimmt. Als Einstieg versuchst du es mit diesen Grundmustern von betonten und unbetonten Schlägen:

1 2 3 **4** 1 2 3 **4** **1** 2 3 4

oder

1 2 3 **4** 1 2 3 **4** 1 2 3 **4**

Oder noch besser: trommle gemeinsam mit einem Freund und verbinde beide Betonungsmuster. Deine Füße werden den Rhythmus deines Tanzes bestimmen, wie eine Trommel. Setze deinen Fuß fest auf den Boden auf und stelle eine unmittelbare Verbindung zur Erde her. Später, wenn die Trommelklänge intensiver werden, fühle die Trommeln und bewege dich so, wie dir zumute ist. Du kannst auch springen oder dich um deine eigene Achse drehen, wenn du willst und solange du willst. Du wirst sehen: du kehrst immer wieder zu dem Grundschritt zurück, bei dem du den Fuß fest auf dem Boden aufsetzt. Vielleicht liegt das daran, dass dieser Schritt die besondere Verbindung des Menschen mit der Erde symbolisiert.

Traumtänzer

Bringt auf einer eurer selbst gebauten Trommeln (Seite 69) einen gleichmäßigen, deutlichen Rhythmus in Gang, während ihr im Kreis tanzt. Denk an einen schönen Traum, den du geträumt hast. Stell dir vor, dass du diesen Traum noch einmal träumst, während du tanzt. Lass deine Fantasie den Traum noch weiter ausschmücken oder denk dir beim Tanzen einen ganz neuen aus.

Der Sonnentanz der Prärie-Indianer

Die Ogalala-Sioux, ein Indianerstamm, der in den Hochebenen Nordamerikas beheimatet ist, feiern die Natur mit einem *Sonnentanz* und ehren den Großen Geist dafür, dass er die Sonne erschaffen hat. An diesem Sonnentanz nimmt die gesamte Gemeinschaft teil. Jeder drückt in seiner Art zu tanzen seine Dankbarkeit für die großen Kräfte der Sonne aus.

Ihr könnt auch einen Sonnentanz tanzen und das machen, was die Indianer tun. Feiert die Sonne mit einem Kreistanz. Lasst eure Füße zusammen mit dem Trommelschlag rhythmisch stampfen. Beim Tanzen denkt ihr an die Sonne und daran, wie sie uns hilft zu leben. Denkt an die Wärme und an die Pflanzen und Blumen, die die Sonne wachsen lässt. Stellt euch vor, dass die Sonnenstrahlen euer Gesicht und euren ganzen Körper wärmen.

Wenn euch danach zumute ist, singt auch von den Dingen, die die Sonne uns bringt. Singt euren Dank an die Sonne in einem Sprechgesang aus Worten und Lauten. Ihr könnt euch auch vorstellen, ihr wäret selbst die mächtige Sonne und brächtet Licht und Wärme.

Wenn ihr müde werdet, lasst ihr eure Bewegungen ruhiger werden, ohne den Tanz zu unterbrechen. Der Zauber des Sonnentanzes liegt auch in dem Gefühl, das man bekommt, wenn man lange, lange getanzt hat. Probiert es aus und seht selbst.

© Verlag an der Ruhr • Postfach 10 22 51 • 45422 Mülheim an der Ruhr • www.verlagruhr.de

Stepptanz

Zum Stepptanzen braucht man besondere Schuhe, bei denen an der Sohle vorne und hinten, also an der Spitze und an der Ferse, Metallplättchen befestigt sind. (Der Fachausdruck für diese Plättchen ist „Stepp-Platten".) Auf diese Weise macht man bei jedem Schritt ein „klack". Zuhören macht beim Stepptanz ebenso viel Spaß wie zusehen!

Auch du kannst steppen, selbst wenn du keine speziellen Schuhe hast, entweder mit der „Fuß-Spaß-Methode" oder indem du die richtigen Stepptanzschritte lernst.

Die „Fuß-Spaß-Methode" zum Stepptanz

Diese Methode ist wirklich ganz einfach. Du musst nichts weiter tun als Musik mit einem flotten 1-2-Takt (oder mit einem 1-2-3-4-Takt) aufzulegen und so zu tun, als würdest du steppen. Während du mit den Füßen im Takt der Musik auf den Boden klopfst, schlenkerst du heftig mit den Armen. Dazu setzt du dein breitestes Grinsen auf und lässt deine Füße fliegen!

Stepptanz nach der „Fuß-Spaß-Methode" ist toll anzusehen und vielleicht gelingt es dir sogar, einigen Leuten weiszumachen, dass du wirklich steppen kannst!

Echter Stepptanz

Nun gut, wir geben es zu: Um richtig steppen zu können, musst du ein bisschen üben. Aber die Mühe lohnt sich! Steppen zu lernen ist wie Fahrrad fahren. Wenn man es einmal gelernt hat, vergisst man es nie wieder. Wir haben einen Freund, der viel älter ist als du und der sich die Zeit mit Stepptanzen vertreibt, wenn er auf einen wichtigen Anruf warten muss.

Außerdem brauchst du zum Steppen keine Fähigkeit, die du nicht sowieso schon beherrschst. Wenn du dir die Grundschritte ansiehst, wirst du merken, dass Stepptanz eigentlich ganz einfach ist.

Die Sprache des Stepptanzes

Hier sind die Grundschritte für *Stepptanz* und „*Soft-Shoe-Dancing*" (siehe Seite 55). Diese Tänze stammen ursprünglich aus Amerika und deshalb werden meistens englische Begriffe gebraucht, wenn typische Schritte oder Bewegungen beschrieben werden. So machen wir es hier auch. In Klammern findest du dahinter die deutschen Erläuterungen. Aber denk dran: über das Tanzen zu lesen ist etwas völlig anderes als es selber zu machen. Also stell dich auf eigene Füße und probier's einmal!

Step (Schritt): Das machst du jeden Tag. Es geht nur darum, auf einem Fuß aufzutreten, wie du es machst, wenn du gehst. Heb den Fuß hoch und setzt ihn auf – das ist schon alles.

Stamp (stampfen): Auch wenn du noch nie Stepp getanzt hast, hast du bestimmt schon mal gestampft. Beim Stamp nimmst du einen Fuß hoch und trittst damit fest auf.

Shuffle (schlurfen): Jetzt bist du ja eigentlich schon ein Experte und kannst es deshalb mal mit dem Shuffle versuchen. Dafür hebst du den Fuß ein bisschen vom Boden hoch, trittst ihn kurz nach vorne und schlägst dabei mit der Schuhsohle auf den Boden. Dann ziehst du den Fuß mit Schwung zurück und auch dabei schlägst du mit der Sohle auf den Boden. Du kannst auch schnell mitzählen: 1-2, 1-2, 1-2 ... . Wenn du den Schuffle übst, wechseln sich die Füße ab und du verlagerst dein Gewicht von einer Seite zur anderen ohne dich von der Stelle zu bewegen.

Slap (schlagen): Einfacher geht's eigentlich nicht mehr. Du vollführst einen kleinen Tritt in die Luft und schlägst mit der Schuhsohle (und mit deinem Gewicht) nach unten vor dir auf den Boden. Übe es mal, abwechselnd mit dem rechten und dem linken Fuß. Du wirst sehen, dass du dich dabei vorwärts bewegst.

Ball (Fußballen): Tritt mit dem Ballen des Fußes auf den Boden. Jawoll. Das ist es schon.

Heel (Ferse): Du hebst die Ferse hoch, während die Fußspitze auf dem Boden bleibt, und setzt sie mit einem „klack" auf dem Boden auf. (Haben wir doch gesagt, dass Steppen ganz einfach ist!)

Stepptanzschuhe selbst gemacht

Du kannst dir Stepptanzschuhe ganz leicht selbst machen, wenn du ein Paar alte Schuhe nimmst und Sohle und Absatz mit Münzen beklebst. Fünf-Cent-Stücke sind ganz gut geeignet.
Das Geheimnis steckt im Klebstoff.

Beklebe die Sohlen von alten Straßen- oder Turnschuhen an der Spitze und am Absatz mit Münzen.

Am besten geeignet ist Sekundenkleber, also solltest du dir von einem Erwachsenen helfen lassen. Der Klebstoff muss auf jeden Fall völlig durchtrocknen, sonst verlierst du jedes Mal dein Geld, wenn du tanzt!
Du klebst einfach drei oder vier Münzen auf die Sohle und den Absatz deiner Schuhe. Sobald der Klebstoff getrocknet ist, kann's losgehen!

© Verlag an der Ruhr • Postfach 10 22 51 · 45422 Mülheim an der Ruhr • www.verlagruhr.de

Der Time Stepp

Okay, Stepper, jetzt seid ihr soweit, dass ihr den *Time Stepp* lernen könnt. Das ist ein Stepptanz, den die Stepptänzer überall auf der Welt kennen. Ihr könnt ihn zu jeder Musik im 1-2-3-4-Takt oder im 1-2-Takt tanzen. Ihr fangt ganz langsam an und werdet mit zunehmender Geschicklichkeit immer schneller.

STAMP mit dem rechten Fuß und deinem ganzen Gewicht vor dir auf den Boden.
Rechten Fuß zurückziehen und gleichzeitig HEEL mit links (Ferse auf den Boden klacken).
STEP, rechter Fuß (Gewicht auf dem rechten Fuß).
SLAP mit dem linken Fuß (Gewicht auf den linken Fuß verlagern).
STEP, rechter Fuß (mit dem Gewicht auf dem rechten Fuß).

Nun wird diese Bewegung mit dem linken Fuß beginnend wiederholt:
STAMP auf den linken Fuß (Gewicht auf dem linken Fuß).
Linken Fuß zurückziehen und gleichzeitig HEEL mit rechts (mit der rechten Ferse klacken).
STEP, linker Fuß (Gewicht auf dem linken Fuß).
SLAP mit dem rechten Fuß (Gewicht auf dem rechten Fuß).
STEP, linker Fuß (mit dem Gewicht auf dem linken Fuß).

Dann geht es weiter mit STAMP, rechter Fuß … und so weiter. Die Tanzbewegungen werden abwechselnd mit dem rechten und dem linken Fuß wiederholt. (Wenn du die Abfolge der Bewegungen mühelos beherrschst, kannst du den STAMP und das Zurückziehen des Fußes noch etwas schwungvoller machen und der Schrittfolge dadurch seinen berühmten Pep geben.)

Soft-Shoe-Dancing

„*Soft-Shoe-Dancing*" hat große Ähnlichkeit mit dem Stepptanz, allerdings fehlen die „klacks" (weil die Schuhe keine Stepp-Platten haben) und der ganze Tanz ist etwas langsamer. *Tea for Two* ist ein Lied, das sehr gut für Soft-Shoe-Dancing geeignet ist. Bitte einen Erwachsenen, dir die Melodie beizubringen oder leihe es dir aus der Bibliothek aus. Dieser Tanz hat ein ganz einfaches Schrittmuster und zwar: SHUFFLE, BALL, STEP, STEP.

Du beginnst mit einem SHUFFLE mit dem rechten Fuß,
dann kommt BALL mit dem rechten Fuß,
dann STEP, linker Fuß, wobei du dein Gewicht auf den linken Fuß verlagerst,
dann STEP, rechter Fuß, wobei du dein Gewicht zurück auf den rechten Fuß verlagerst.
Jetzt ist dein linker Fuß frei und bereit für einen weiteren SHUFFLE, sodass das Ganze mit dem linken Fuß von vorne beginnt. Es hilft, wenn du die Bewegungen mitzählst, zum Beispiel so: „Shuffle, Ball, Step, Step - Shuffle, Ball, Step, Step."
Oder so: „1-2-und 3-4, 1-2-und 3-4", immer und immer wieder. Am Anfang machst du alles ganz langsam, bis du dich sicher fühlst, und dann wirst du allmählich schneller.

Einen Zylinder basteln

Mit Zylinder und Spazierstock machen Stepptanz und Soft-Shoe-Dancing noch mehr Spaß. Für den Zylinder brauchst du einen Streifen schwarzes Bastelpapier, ungefähr 25 cm x 40 cm, je nachdem wie groß dein Kopf ist. Hefte die Schmalseiten so übereinander, dass das obere Ende ein ganz klein wenig schmaler ist als das untere.
Dann nimmst du einen flachen Essteller, um damit einen großen Kreis auf das Bastelpapier zu zeichnen. Das Innere des Kreises schneidest du aus, lässt dabei aber einen ungefähr 7,5 cm breiten Rand.

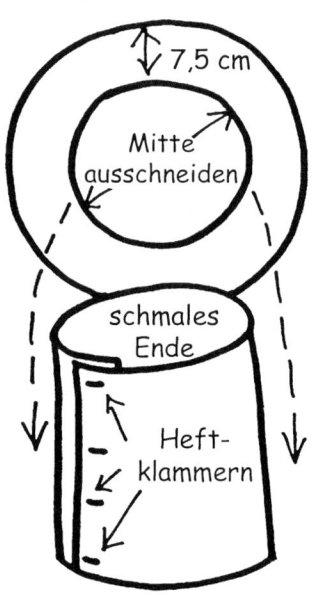

↑ 7,5 cm

Mitte ausschneiden

schmales Ende

Heft-klammern

breites Ende

Diese Hutkrempe lässt sich über das schmalere Ende des Zylinders streifen und bleibt etwa 2 cm über der Kante von selbst stecken.
Ta-dah! Ein Zylinder! Wenn du nun noch ein Paar weiße Handschuhe auftreibst, kannst du sie auch zum Tanzen anziehen. Nun noch ein alter Spazierstock oder ein stabiler, gerader Stock, den du schwarz angepinselt hast, und schon bist du bestens gerüstet. Du kannst die grundlegende Schrittfolge unterbrechen und deinen Tanz noch abwechslungsreicher machen, wenn du zwischendurch um den Spazierstock herumgehst.

Jede Menge Vortänzer

Wir haben das Glück in einer Zeit zu leben, in der die Auftritte großer Tänzer im Film festgehalten werden können. Zu den Tänzern, die Stepptanz oder Soft-Shoe-Dancing als Ausdrucksmittel genutzt haben, gehören Fred Astaire, Ginger Rogers, Gene Kelly, Shirley Temple und Gregory Hines.
Wenn ihr die Möglichkeit habt, euch Videos auszuleihen, versucht doch mal, an diese Klassiker heranzukommen. Darin könnt ihr Stepptanz sehen, der euch bestimmt inspiriert: *Ich tanz' mich in dein Herz hinein, Du sollst mein Glücksstern sein* (achte besonders auf die Passage mit „*Singing in the Rain*") und *Marine gegen Liebeskummer*.

© Verlag an der Ruhr · Postfach 10 22 51 · 45422 Mülheim an der Ruhr · www.verlagruhr.de

HipHop

Wie können wir HipHop beschreiben? Diese Frage haben wir einigen HipHop-Fans in unserer Stadt gestellt und das waren ihre Antworten: „HipHop ist der Beat. Es ist die hippste Musik überhaupt. Es ist ein Tanz mit Rap-Sound. Das ist ein cooler Club-Beat. Das ist Disco, Rock und Rap in einem. HipHop, das sind Zauberfüße. Versuch's doch mal."

HipHop entstand aus dem Breakdance, ging aber noch einen Schritt weiter. Er verband ihn mit einem eigenen Tanzstil und schuf damit etwas völlig Neues und Anderes.

HipHop

Auf die Füße springen,
Arm zur Seite schwingen,

Auf dem Kopf sich drehen,
Auf den Füßen stehen,

Ab und zu ein Luftsprung
Mit Elan und Schwung –

Alles das und noch viel mehr,
das ist HipHop!

Moon Walking

1. Rechtes Bein anwinkeln, linkes Bein gleitet nach hinten

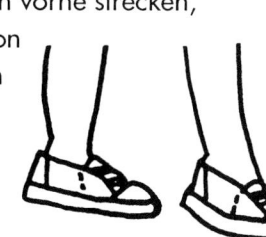

2. Zehen nach vorne strecken, Gewicht von einem Bein auf das andere verlagern

3. Das andere Bein gleitet wieder.

Moon Walking (Mond-Laufen) ist ein besonderer Tanz, der ebenfalls zur Rap-Musik passt. Der berühmte Sänger und Tänzer Michael Jackson hat diesen Tanz in den 80er-Jahren bekannt gemacht. Der Name kommt daher, dass die Gesetze der Schwerkraft beim Moon Walking keine Gültigkeit zu haben scheinen. Ein Moon Walker sieht aus, als würde er über den Mond gleiten und sich nicht hier auf der Erde bewegen.

Beim Moon Walking winkelst du das rechte Knie an, hebst den rechten Fuß im Spann an und schiebst den Fuß nach hinten. Der linke Fuß wird angehoben, sobald der rechte hinter dir zu „landen" scheint. Tatsächlich setzt du ihn so auf, dass er genau unter dir steht. In dem Moment, in dem deine rechte Ferse den Boden berührt, beginnst du, den linken Fuß zu heben und umgekehrt. Bei diesem Tanz verändern beide Beine ständig ihre Position.

Das Geheimnis des Moon Walking liegt darin, beide Beine gleichzeitig zu bewegen und die Bewegungen sehr weich und geschmeidig aussehen zu lassen. Deine Arme hältst du so, als würden sie von dir weg treiben. Und mit dem Kopf nickst du, als würde auch er treiben. Bei diesem Tanz legst du keine großen Entfernungen zurück, auch wenn es so aussieht, als würdest du gehen. Das gehört zu der optischen Täuschung des Moon Walking.

Flamenco!

Der Flamenco stammt aus dem Süden Spaniens. Es ist ein Tanz, zu dem laute, klackende Fersen und Zehen gehören und jede Menge dramatisches Flair! Beim Flamenco ist jede Bewegung klar umrissen und kraftvoll. Wenn du deine Zehen auf den Boden setzt, dann stichst du ihn förmlich nach unten. Wenn du mit der Ferse klackerst, machst du es mit Entschiedenheit. Flamenco ist ein Tanz voller Leidenschaft und Energie!

Der Flamenco-Look

Die Damen tragen beim Tanzen oft Rosen in den Haaren oder hinter ein Ohr gesteckt. Sie tragen Kleider in kräftigen Farben, die eng am Körper anliegen und sich in Höhe der Knie in Rüschen bauschen. Das Haar wird normalerweise aus der Stirn zurückgekämmt und zu einem Knoten gebunden.

Die Männer tragen enge dunkle Hosen zusammen mit einem hellen Hemd, eine breite Bauchbinde und manchmal eine Boleroweste.

Flamenco-Schritte

Zehenspitze aufsetzen, Ferse „klacken", Zehenspitze aufsetzen, Ferse „klacken", Zehenspitze aufsetzen, Ferse „klacken"! Dabei wirst du immer flotter, bis deine klackenden Fersen schneller klingen als das Klopfen eines Spechtes.

Die Arme wirfst du abwechselnd schwungvoll über den Kopf und dann klackst du mit den Fersen, was das Zeug hält! Von Zeit zu Zeit kannst du Viva! oder Arriba! rufen (das bedeutet „Lebe!" und „Los geht's!" auf Spanisch). Und genau darum geht es beim Flamenco – um Leben und ums Loslegen!

Kastagnetten aus Walnüssen

Kastagnetten sind kleine Musikinstrumente, die man in der Hand hält und mit denen man das „Klacken" des Flamenco noch unterstreicht. Man kann sie ganz einfach aus Walnussschalen herstellen. Teile eine Walnuss vorsichtig an der Mittelnaht und iss zunächst einmal den Nusskern (hmmm, lecker!). Dann klopfst du jeder Hälfte mit einem kleinen Nagel ein Loch in das obere Ende. Mit kräftigem Garn (Knopflochgarn oder Nylonfaden) bindest du die beiden Hälften zusammen.

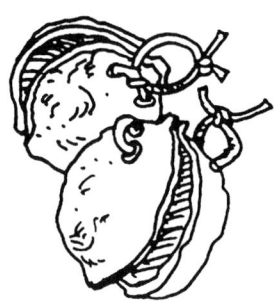

Kastagnetten aus Holzlöffeln

Wenn du zwei gleiche Holzlöffel übrig hast, kannst du deine Kastagnetten auch daraus herstellen. Bitte einen Erwachsenen, die Löffelstiele so abzusägen, dass nur noch ein kleiner Stumpf zu sehen ist. Dahinein bohrst du kleine Löcher, durch die du ein kurzes Stück Angelschur oder dickes Garn ziehst.

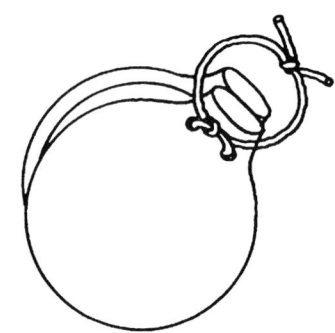

Zuschnappen und klappern

Und so spielt man die Kastagnetten: Man nimmt in jede Hand ein Paar und erzeugt das typische Kastagnetten-Klappern, indem man die Handfläche krümmt. Es ist wichtig, dass man die Finger nicht abspreizt, sondern sie zusammenhält und außerdem die Hand nur halb öffnet. Fantastico!

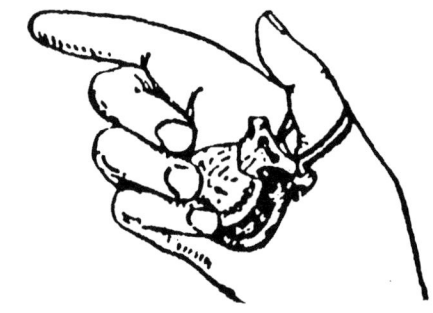

© Verlag an der Ruhr · Postfach 10 22 51 · 45422 Mülheim an der Ruhr · www.verlagruhr.de

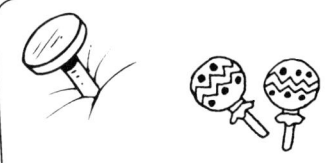
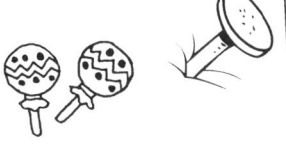

Einfache Musikinstrumente

Magische Glasmusik

Trinkgläser, besonders echte Kristallgläser, bringen die schönsten Klänge hervor, die man sich vorstellen kann. Um diese funkelnden Klangwunder zu erzeugen, brauchst du nichts weiter als Gläser, Wasser und Metalllöffel. (Außerdem ist es vielleicht eine gute Idee, einen Schwamm parat zu haben, falls etwas danebengeht.)

Bevor du dir für dieses Projekt die besten Gläser nimmst, die du finden kannst, solltest du um Erlaubnis bitten. Dünnes, hauchzartes Glas ist klangvoller als dickes Glas.

(Keine Trinkgläser zur Hand? Versuch's mal mit Flaschen!)

Wassermusik

Um *Hänsel und Gretel* als Wassermusik spielen zu können, brauchst du fünf gleich große Trinkgläser. Fülle in jedes Glas unterschiedlich viel Wasser, denn die Wassermenge bestimmt die Tonhöhe. Je voller das Glas ist, desto tiefer ist der Ton, den es erklingen lässt.

Experimentiere so lange mit den Gläsern und den unterschiedlichen Wasserspiegeln, bis du den Anfang von *Hänsel und Gretel* gefunden hast. (Am besten singst du dir das Lied immer wieder vor.) Wenn du durch Abschütten und Hinzufügen von Wasser schließlich jeweils die richtige Tonhöhe herausbekommen hast, stellst du die Gläser in einer Reihe vor dir auf, angefangen mit dem höchsten bis hinunter zum tiefsten Ton. Dem höchsten Ton gibst du die Nummer 5, dem tiefsten die Nummer 1.

Wenn du gegen die Gläser klopfst, solltest du daran denken, dass weniger in diesem Falle mehr ist. Je zarter die Berührung mit dem Metalllöffel, desto klarer ist der Klang. Halte deine Hand also schön locker und lass den Löffel frei schwingen.

Hänsel und Gretel

Hänsel und Gretel ist gut geeignet für dein erstes Trinkglas-Konzert. Die erste, zweite und vierte Zeile sind gleich; nur die dritte Zeile ist anders. Es ist also nicht so schwierig, das Lied auf den Trinkgläsern einzuüben. Wenn eine Zahl fett gedruckt ist, wird dieser Ton länger gehalten als die anderen.

♪ **5** 3 4 **5** 3 1 2 2   2
Hän-sel und Gre-tel ver-lie-fen sich
3 **1**
im Wald.

5 3 4 **5** 3 1 2 2 2 3
Es war so fin-ster und auch so bit-ter
1
kalt.

1 2 2 2 3 **4** 2 2
Sie ka-men an ein Häus-chen von
3 3 3 4 **5**
Pfef-fer-ku-chen fein.

5 3 4 **5** 3 1 2 2
Wer mag der Herr wohl von die-sem
2 3 **1**
Häus-chen sein? ♪

Wer hat die schönsten Schäfchen

Wenn du ein weiteres Trinkglas dazustellst, in das du noch weniger Wasser gießt als in Glas Nummer 5, bekommst du einen noch höheren Ton und den kannst du in dem wunderschönen Nachtlied *Wer hat die schönsten Schäfchen* ein einziges Mal anschlagen. Dieses Glas trägt die Nummer 6. Die anderen Töne kennst du ja schon aus *Hänsel und Gretel*.

♪ 1 5 5 4 4 **3** 2
Wer hat die schöns-ten Schäf-chen?
5 5 1 4 3 **2**
Die hat der gold-ne Mond,

4 4 4 3 3 **6** 5 4
der hin-ter un-sern Bäu-men am
3 3 2 2 **1**
Him-mel dro-ben wohnt. ♪

Wenn du ein erfahrener Trinkglas-Spieler bist, kannst du dich ja an etwas ganz Besonderem versuchen: komponiere dein eigenes Kristall-konzert!

© Verlag an der Ruhr · Postfach 10 22 51 · 45422 Mülheim an der Ruhr · www.verlagruhr.de

Ein bezauberndes Kristallkonzert

Ein Kristallkonzert zu spielen macht eigentlich immer Spaß, aber an Geburtstagen und zu besonderen Anlässen ist es wirklich das Allerbeste! Ein schöneres Geschenk als Musik gibt es nicht.

Für das Konzert brauchst du acht Töne, die in gleichmäßigen Schritten von oben nach unten wandern. So etwas nennt man eine Tonleiter. Wenn du das Lied *Wer hat die schönsten Schäfchen* auf Trinkgläsern gespielt hast, hast du mit den letzten Tönen, die von 6 (ganz oben) bis 1 (ganz unten) reichen, schon fast alles, was du für eine Tonleiter brauchst. Du musst nur noch einen Ton finden, der höher ist als 6, und einen, der tiefer ist als 1 – und schon hast du deine Tonleiter zusammen und kannst nach Belieben hinauf- und hinunterspazieren! Denk daran, dass du deine Gläser nun neu nummerieren musst: der (neue) tiefste Ton bekommt wieder die 1, während der (neue) höchste Ton nun die 8 bekommt.

Falls du dein Konzert als Überraschung planst, solltest du alles, was du dafür brauchst, vorher an einem ungestörten Ort aufbauen, damit du gleich loslegen kannst, wenn du dein Konzert angekündigt hast. Wenn du alles einen Tag vor der Premiere vorbereitest, ist es eine gute Idee, auf den Gläsern mit einem Filzschreiber den Wasserstand anzuzeichnen, mit dem du die einzelnen Töne genau richtig triffst.

Auf einem Regenbogen spielen

Wenn du dein Konzert noch himmlischer machen willst, kannst du jedem Glas ein paar Tropfen Lebensmittelfarbe hinzufügen und schon hast du einen wunderbar schimmernden Regenbogen. Deine acht Töne zeigen einen herrlichen Regenbogen, wenn du die Farben in dieser Reihenfolge in das Wasser mischst (und für Liebhaber der Mathematik haben wir auch die Zahlen dazugeschrieben):

1	2	3	4	5
farblos	rot	orange	gelb	grün
6	7	8		
blau	violett	farblos		

Nicht vergessen:
Rot plus Gelb ergibt Orange
Blau plus Gelb gibt Grün
Rot plus Blau gibt Violett

Lege unter jedes Glas einen Zettel mit der Zahl des Tons, den du mit diesem Glas spielen kannst.

♪ **Morgen kommt der Weihnachtsmann**
(auf einem Regenbogen gespielt)

farblos	grün	blau			
1	1	5	5	6	6
Mor-gen	*kommt*	*der*	*Weih-*	*nachts-*	
grün					
5					
mann,					

	gelb	orange	rot	farblos	
	4	4	3	3	**2** **1**
kommt	*mit*	*sei-nen*	*Ga-*	*ben.*	

grün		gelb		orange	rot
5	5	4	4	3	3 **2**
Bun-te		*Lich-ter,*		*Sil-ber-zier,*	

grün		gelb		orange	rot
5	5	4	4	3	3 **2**
Kind	*mit*	*Krip-pe*	*Schaf*	*und*	*Stier,*

farblos		grün		blau	grün
1	1	5	5	6	6 **5**
Zot-tel-bär		*und*		*Pan-ter-tier*	

	gelb	orange	rot	farblos	
	4	4	3	3	**2** **1**
möcht	*ich*	*ger-ne*	*ha-ben.* ♪		

Ein schöner Tag (Amazing Grace)

In diesem Lied geht es um die Freuden und Wunder eines schönen Tages. Und auch deine Zuhörer werden an ein Wunder glauben, wenn sie diese strahlende Melodie hören. Wir haben Harmonien dazugeschrieben, die du mitspielen kannst, wenn du soweit bist. Du klopfst einfach gegen zwei Gläser gleichzeitig und schon hast du eine Harmonie. Und vergiss nicht, dass die fett geschriebenen Zahlen Töne bezeichnen, die länger als andere gespielt werden.

farblos	gelb	(blau, grün, gelb)	blau	grün	gelb
1	**4**	(6-5-4)	**6**	5	**4**
Ein	*schö-*	*ne-e-er*	*Tag*	*ward*	*uns*

rot	farblos		gelb	(blau, grün, gelb)	
2	**1**	1	4	**4**	(6-5-4)
be-	*schert,*	*wie*	*es*	*ihn*	*ni-i-icht*

blau	grün	farblos (höchster Ton)		farblos	(blau, grün, gelb)
6	5	**8**	8	**8 (Har. 6)**	(6-5-4)
vie-	*le*	*gibt.*	*Von*	*rei-*	*ner*

blau (gelb)	grün	gelb	rot	farblos
6 (Har. 4)	5	**4**	2	**1**
Freu-	*de*	*aus-*	*ge-*	*füllt*

farblos	gelb	(blau, grün, gelb)	blau	grün	gelb
1	**4**	(6-5-4)	**6 (Har. 4)**	5 (Har. 3)	**4**
und	*Sor-*	*gen*	*un-*	*ge-*	*trübt!*

Glasspiele

Glasharfen oder Glasspiele – und deine Ansammlung von Trinkgläsern ist eine einfache Form von Glasspiel – gab es schon vor langer Zeit. Sie waren vor allem im 18. und 19. Jahrhundert sehr beliebt. Sogar Mozart schrieb ein Stück für Glasharfe, das er einer blinden Glasharfenspielerin widmete!

© Verlag an der Ruhr · Postfach 10 22 51 · 45422 Mülheim an der Ruhr · www.verlagruhr.de

Hausgemachte Instrumentensammlung

Hörner! Trommeln! Maracas! Gitarren! Sie sind in deinem Haus, jetzt, in diesem Moment, und warten nur auf ihren Einsatz! Du musst dir nur das passende Zubehör zusammensuchen und dich an die Arbeit machen. Und schon bald hast du genügend hausgemachte Instrumente für ein ganzes Orchester! All diese Instrumente haben sich über Jahre bewährt und als tauglich erwiesen. Generationen von Kindern haben sie mit großem Spaß gebastelt und gespielt. Nun bist du an der Reihe, Musikmacher! Sammle alles ein, was dir wiederverwertbar erscheint und baue selbst ein paar Klassiker.

Und los geht die Musik!

Sobald du ein paar von den Instrumenten gebaut hast, die auf den nächsten Seiten vorgestellt werden, kann's losgehen: dann kannst du trommeln und pfeifen, klimpern und klappern, hüpfen und springen und noch viel mehr!

Du kannst sie rütteln und schütteln, draufhauen oder zart zupfen, langsam oder schnell, für dich alleine oder mit anderen zusammen - den Möglichkeiten sind keine Grenzen gesetzt. Mit den Händen, mit den Füßen, mit dem Mund, ganz wie es dir gefällt.

Pappschachtelgeige mit Buttermesserbogen

Für dieses Zupfinstrument brauchst du zunächst eine mittelgroße, rechteckige Schachtel. Besonders gut geeignet sind Schachteln, die in der Mitte der Vorderseite ein Fenster haben. Die durchsichtige Folie dahinter kannst du leicht abziehen. Viele Spielzeuge wie Autos oder Puppen gibt es in solchen Verpackungen, aber auch einige Nudelsorten. Wenn du keine Schachtel mit Fenster finden kannst, schneidest du selbst eins in die Vorderseite. Dann malst du deine Schachtel bunt an und wenn die Farbe trocken ist, spannst du der Länge nach Gummibänder darüber. Als Nächstes nimmst du eine lange, schmale Schachtel (zum Beispiel eine Spaghetti-Verpackung), schneidest die Enden ab, malst sie ebenfalls bunt an und faltest sie auf die Hälfte. Dann befestigst du sie mit Heftklammern oder mit Klebeband auf der Rückseite der großen Schachtel.

Nun brauchst du noch einen Steg, der die Gummibänder hochhält. Dafür machst du einen Schlitz in die Vorderseite der großen Schachtel und schneidest aus einem der Enden der Spaghettischachtel ein T-förmiges Gebilde aus, das du mit der Schmalseite durch den Schlitz schiebst. Der Steg verhindert, dass die Gummibänder auf die Schachtel schlagen. Das macht den Klang voller.

Jetzt schiebst du dir deine Geige unter das Kinn. Dabei musst du aber darauf achten, dass du die Gummisaiten nicht berührst. Du kannst die Saiten entweder zupfen – das bedeutet, dass du sie mit Daumen und Zeigefinger hochhebst und schnell wieder loslässt – oder ein Buttermesser als Bogen benutzen und damit über die Saiten streichen.

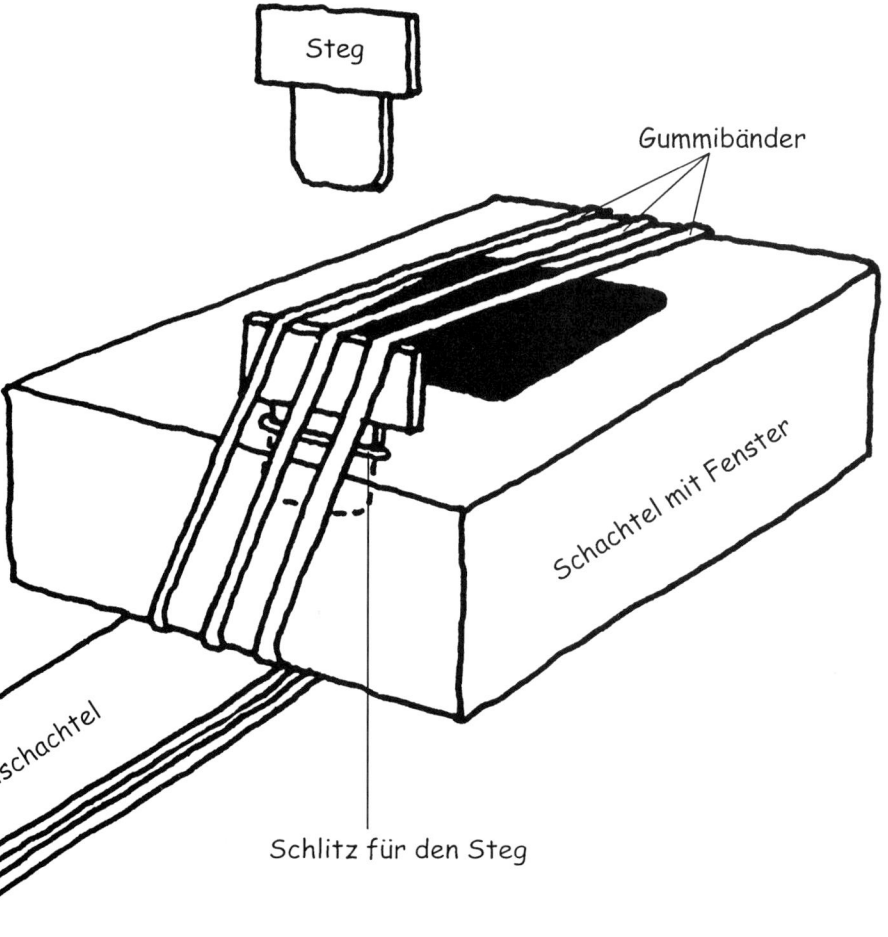

Steg

Gummibänder

Schachtel mit Fenster

Spaghettischachtel

Schlitz für den Steg

64

© Verlag an der Ruhr • Postfach 10 22 51 • 45422 Mülheim an der Ruhr • www.verlagruhr.de

Schuhkartongitarre und Kosmetiktücherschachtellaute

Diese Instrumente sind nicht nur leicht zu bauen und zu spielen. Viel wichtiger ist, dass sie auch ganz toll klingen. Ein Geheimtipp: Am besten nimmst du für die Saiten unterschiedlich dicke Gummibänder.

Schuhkartongitarre:
Du spannst die Gummibänder der Länge nach über den offenen Karton. Dicke Gummibänder erzeugen einen tiefen Ton, wenn du daran zupfst. Dünne klingen höher. Drei oder vier Saiten pro Schuhkarton sind genug. Wir kennen ein Kind, dessen Schuhkartongitarrensaiten zufällig genau die Töne spielen, die man für den Anfang von *Laterne, Laterne* braucht. Wie ist es mit den Tönen auf deiner Gitarre? Gibt es ein Lied, das dazu passt?

Kosmetiktücherschachtellaute:
Kosmetiktücherschachteln sind ideal für Lauten und Harfen, weil sie in der Mitte ein fix und fertiges Loch haben, in dem der Klang richtig schön herumrollen kann, bevor er herauskommt.
Du spannst die Gummibänder diesmal über die Schmalseite der Schachtel und zupfst daran. Da hast du gerade ein einfaches, aber wunderschönes Instrument gebaut.

Gummibänder

Kosmetiktücherschachtellaute

Schüttelrohre, Maracas und Röhrenhörner

Kaffeedosenschüttelrohr:

Für dieses Instrument brauchst du nichts weiter als eine leere Metalldose mit einem Deckel und eine Hand voll trockenem Reis oder getrockneten Bohnen. Schütte die Bohnen in die Dose, verschließe sie gut mit dem Deckel und dann heißt es: schütteln, schütteln, schütteln!

Papiertütenmaracas:

Diese Maracas (ein anderes Wort für diese Instrumente ist „Rumbakugeln") sehen ganz echt aus und klingen auch so. Zunächst bemalst du die Papiertüten. Je bunter und kräftiger die Farben, desto besser. Dann füllst du getrocknete Bohnen hinein und bindest die Enden mit einem Stück Schnur zu. Und dann rüttelst und schüttelst du wie verrückt. Diese bunten Rhythmusinstrumente sind sehr gut geeignet für den Brasilianischen Karneval (siehe Mulit-Kulti-Party, Seite 140).

Pappröhrenhörner:

Hierfür wird eine Pappröhre bunt angemalt. Dann singst du in die Röhre und schon hast du ein Horn, das ganz einfach zu basteln und zu spielen ist. Du kannst sogar eine Busine (eine langes Instrument, ähnlich wie eine Trompete, das die herrschaftlichen Boten im Mittelalter bei sich trugen) bauen, wenn du einen bunten Schal mit einer Schmalseite an den langen Pappkern einer Geschenkpapierrolle klebst und eine Fanfare bläst!

Beinglöckchen:

Dies ist ein Instrument zum Anziehen und es ist hervorragend zum Tanzen oder Schütteln geeignet, besonders für Kreistänze. Du nähst einfach zwei oder drei kleine Schellen an ein Stück Gummilitze, wie man sie im Kurzwarengeschäft oder beim Restehändler bekommt. Du kannst sie auch an ein Stück reißfeste Schnur binden. (Wenn du Lust hast, kannst du die Gummilitze auch mit Wasserfarben bemalen.) Dann nähst du die Enden zusammen oder verknotest sie (oder die Schnurenden), damit du eine Schlaufe bekommst, die du um den Arm oder den Fuß streifen kannst.
Am besten machst du dir gleich mehrere Tanzglockenbänder. Unterschiedlich große Schellen erzeugen außerdem unterschiedliche Töne.

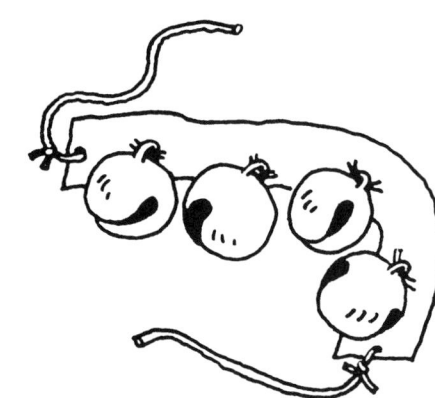

© Verlag an der Ruhr · Postfach 10 22 51 · 45422 Mülheim an der Ruhr · www.verlagruhr.de

Zwei coole Bassgeigen

Du kannst dir selbst ein oder zwei Bassgeigen bauen und damit den Takt in der Musik halten. Diese Instrumente findet man überall in der Musik, angefangen von der Jazzmusik (siehe Seite 117) bis hin zur Musik der „Jug-Bands" (siehe Seite 136).

Einfache Bassgeige:
Für dieses Instrument brauchst du eine hohe, runde Dose aus Pappe, denn die erzeugen den besten Klang. (Wenn du keine runde Dose finden kannst, tut's zur Not auch eine rechteckige.)
Was du brauchst:
eine große Dose
ein kleines Stück dicke Pappe
ein Stück Schnur oder ein dünner Schnürsenkel

Zuerst schneidest du aus der dicken Pappe einen Kreis mit einem Durchmesser von ungefähr 7,5 cm zu, der als eine Art „Dichtung" dienen soll. Sie muss auf jeden Fall in die Dose hineinpassen. Mit einem Nagel bohrst du ein Loch in die Mitte des Pappkreises und eines mitten in den Dosenboden.
In ein Ende des Schnürsenkels machst du einen Knoten (am besten ist ein dünner runder Senkel geeignet). Nun fädelst du den Schnürsenkel erst durch den Pappkreis und dann durch den Dosenboden. Simsalabim, da hast du eine Bassgeige!

Um darauf zu spielen hältst du die Dose mit einem Fuß fest auf dem Boden oder wenn dir ein freiwilliger Helfer zur Seite steht, bitte ihn, sie festzuhalten, während du spielst. Das freie Ende der Schnur wickelst du dir um die Hand und mit der anderen Hand zupfst du an der Saite. Du kannst den Klang dadurch verändern, dass du die Schnur kürzer oder länger machst oder sie straffer oder weniger straff hältst. Je straffer sie gespannt ist, desto höher ist der Klang.

Bungee-Bassgeige:
Damit könntest du sogar einen professionellen Musiker an der Nase herumführen, so gut klingt dieses Instrument. Um es zu basteln brauchst du einen Pappkarton ohne Deckel und ein Gummiseil mit Haken an beiden Enden. Diese Haken führst du durch Löcher, die du an gegenüberliegenden Seiten des Pappkartons gemacht hast. Um das Instrument zu spielen, hältst du den Karton an dem Gummiseil in die Luft und zupfst an dem Seil.

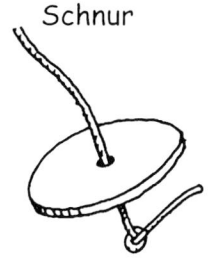

Pappe zuschneiden
(je dicker, desto besser)

Schnur

Das Ende verknoten

Mit dem Nagel ein Loch machen

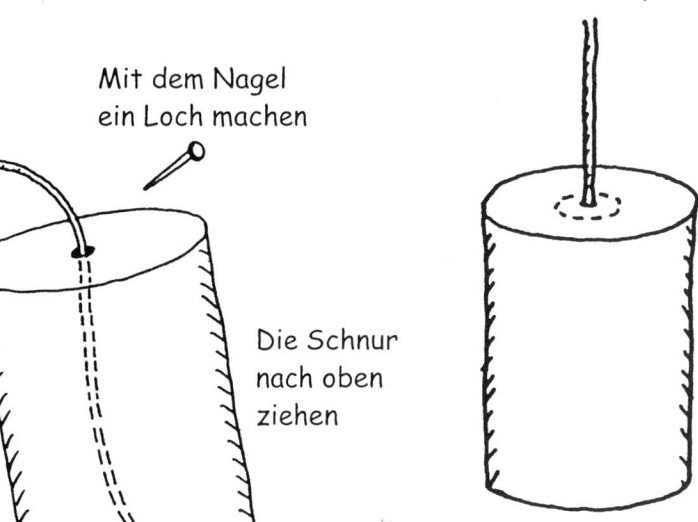

Die Schnur nach oben ziehen

verknotetes Ende

Auf der Saite spielen

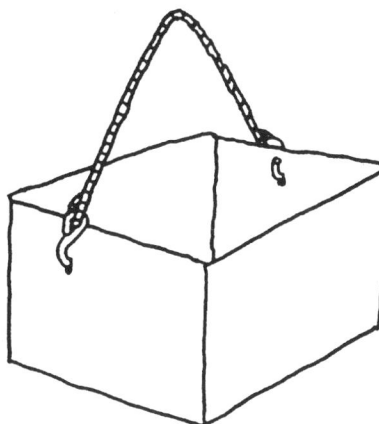

Hochhalten und spielen

© Verlag an der Ruhr · Postfach 10 22 51 · 45422 Mülheim an der Ruhr · www.verlagruhr.de

Brettgitarre

Jedes ungefähr 60 cm lange Brett ist bestens geeignet für diese Gitarre. Ein paar Zentimeter von den schmalen Kanten entfernt schlägst du zwei Reihen mit jeweils drei oder vier Nägeln ein. Sie müssen in gerader Reihe nebeneinander und einander genau gegenüber liegen.
Dann schneidest du dir ein rechteckiges Stück Holz als Steg zurecht. Es muss ungefähr 3,5 cm breit sein und so lang, wie dein Brett breit ist. Diesen Steg befestigst du parallel zu einer der beiden Nagelreihen. Am besten klebst du ihn mit der Unterkante fest und unterstützt ihn von hinten mit kleinen Nägeln.
Dann spannst du Gummibänder zwischen die Nagelreihen und du hast eine prima Gitarre für die Hand!

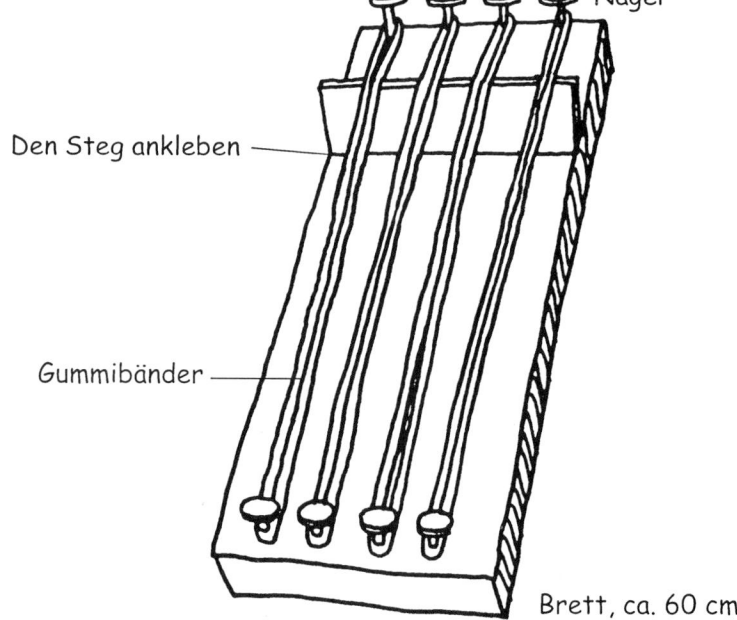

Nägel

Den Steg ankleben

Gummibänder

Brett, ca. 60 cm lang

Kaffeebüchsenharfe

Aus einer Hand voll Gummibänder und ein paar leeren Kaffeebüchsen lassen sich prima Musikinstrumente basteln. Du musst nur unterschiedlich breite Gummibänder über die Kaffeebüchse streifen und darauf achten, dass sich die Gummibänder nicht berühren. Wenn du willst, kannst du auch ein 10 cm langes Lineal als Steg einschieben. Und dann zupfst du die Harfensaiten und suchst dir die besten Klänge. Die unterschiedliche Dicke der Gummibänder erzeugt unterschiedliche Tonhöhen. Dreh die Büchse um und zupfe an den Gummibändern, die sich über den Büchsenboden spannen. Sie machen „ping"!

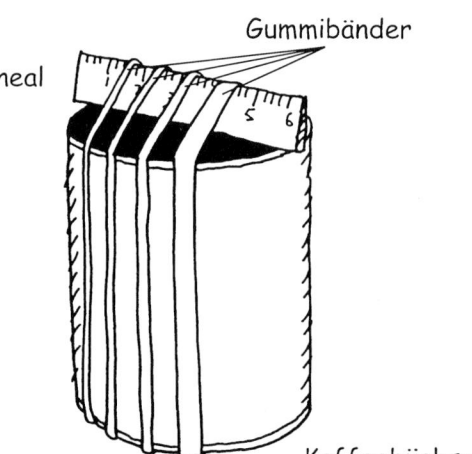

Gummibänder

Lineal

Kaffeebüchse

Tontopfglocken

An ein Ende einer dünnen Schnur knotest du einen kleinen Stock. Dann fädelst du das andere Ende von innen durch das Loch im Boden eines Blumentopfes aus Ton. Jetzt hältst du die Schnur so, dass der Tontopf frei hängt und schlägst mit einem Holzlöffel sacht dagegen. Unterschiedlich große Tontöpfe ergeben unterschiedliche Klänge. Dünnwandige Töpfe haben klarere Töne als dickwandige.
Wenn du mehr als zwei Töpfe hast, kannst du sie an einen stabilen Kleiderbügel aus Holz hängen. Um die Glocken zu spielen, hältst du den Kleiderbügel in die Höhe und klopfst mit einem Klöppel leicht dagegen.

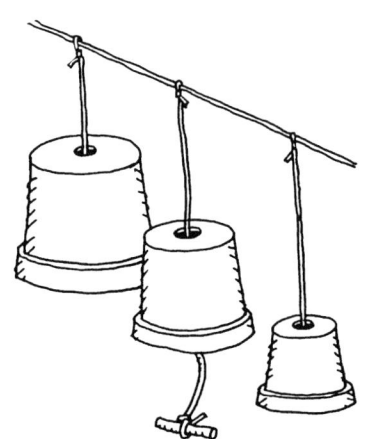

Die Schnur hochziehen

© Verlag an der Ruhr · Postfach 10 22 51 · 45422 Mülheim an der Ruhr · www.verlagruhr.de

Eine Trommel aus Fensterleder

Eine Trommel, die mit Fensterleder bespannt ist, ist ein selbstgebautes Musikinstrument, das Bestand hat. Diese Trommel erfordert mehr Mühe als einige der anderen Instrumente, die in diesem Kapitel vorgestellt werden. Doch als Lohn für deine Arbeit bekommst du ein ganz besonderes Instrument, das dir lange gute Dienste leisten wird, wenn du es pfleglich behandelst.

Fensterleder stammt von einem Tier und sollte deshalb – genauso wie die Trommel, die daraus gemacht wird – mit Respekt behandelt werden.

Du nimmst eine große Metalltrommel, zum Beispiel eine Vorratsdose mit Oliven oder Tomatenmark, die in Restaurants benutzt werden. Deckel und Boden entfernst du. Je größer die Dose ist, umso kräftiger klingt die Trommel.

Die Trommel bemalst du mit Farben und Symbolen, die eine besondere Bedeutung für dich haben.

Aus dem Fensterleder schneidest du zwei Kreise aus.

Ihr Durchmesser sollte mindestens 7,5 cm größer sein als der der Dose. Diese Kreise legst du auf ein altes Brett, und mit einem dicken Nagel

schlägst du in gleichmäßigen Abständen Löcher in den Rand. Wenn die Löcher fertig sind, weichst du das Leder in eiskaltem Wasser ein, bis es sich gummiartig anfühlt. Das dauert ungefähr 20 Minuten. Wenn das Leder noch nass ist, spannst du die Lederkreise über die Dosenöffnungen und fädelst Lederbänder, Zwirn oder kräftiges Garn durch die Löcher. Dabei ziehst du den Faden so straff wie möglich. Die Enden knotest du fest zusammen und lässt dann das Leder 24 Stunden lang trocknen. Beim Trocknen schrumpft das Leder und macht das

Schlagfell dadurch noch straffer. Deine selbst gemachte Trommel wird viele Jahre halten und eine besondere Bedeutung für dich haben, weil sie mit viel Sorgfalt gebaut wurde – von dir.

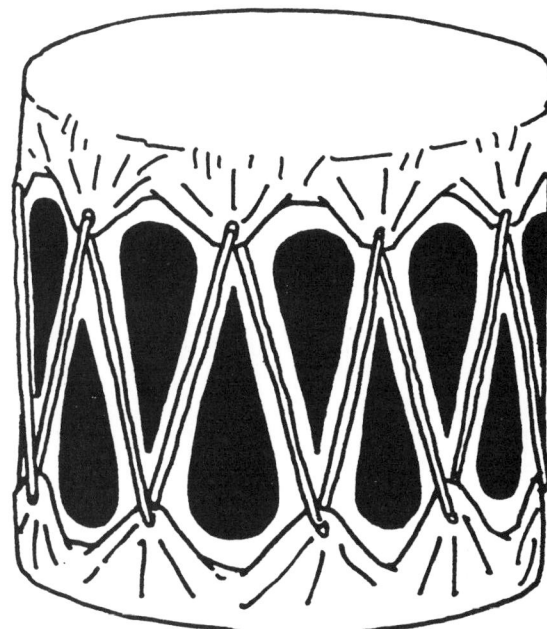

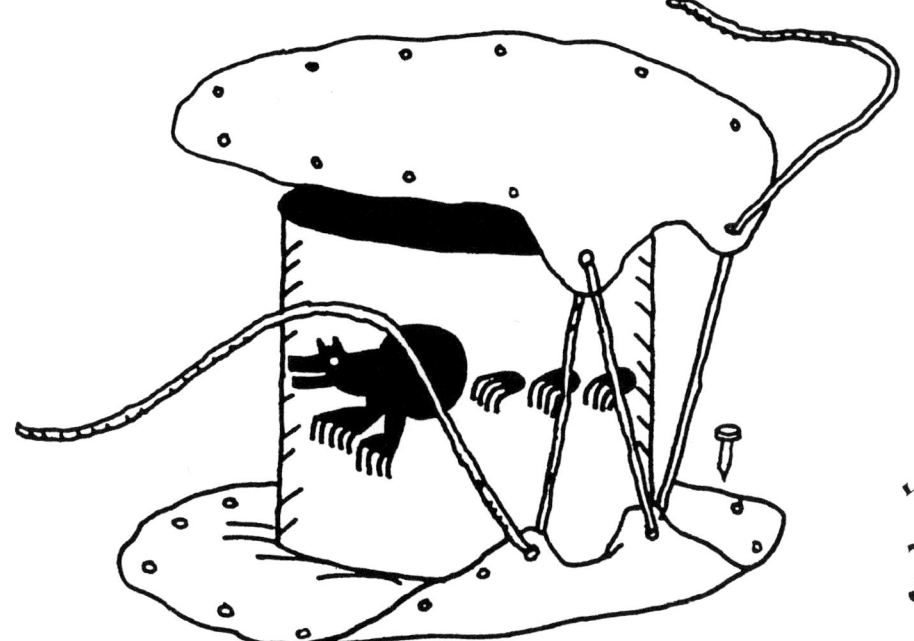

Eine einfache Trommel

Einfacher geht es eigentlich nicht mehr, aber weißt du was? So eine ganz einfache Trommel klingt toll! Du nimmst einen leeren Karton, drehst ihn um und schlägst mit einem großen Holzlöffel oder einem selbst gebauten Klöppel auf den Boden.

Du kannst ihn aber auch als Rhythmusgerät verwenden und zum Takthalten auf die Innenseiten schlagen. Eine Bauanleitung für Paradetrommeln findest du auf Seite 126.

Ein Xylophon aus Metallröhren

Dieses Instrument braucht etwas mehr Zeit und Mühe als einige der anderen Instrumente, aber es lohnt sich wirklich, weil es wunderbar voll klingt. Du brauchst einen Erwachsenen als Hilfe, außerdem eine Metallsäge, einen Metallbohrer, ein Metallrohr von 2 m bis 2,5 m Länge, etwas reißfeste Schnur oder Angelleine und einen kräftigen Stock, ungefähr 60 cm bis 90 cm lang, an dem die Röhren aufgehängt werden können. Wenn du zu Hause keinen handwerklich begabten Erwachsenen oder nicht alle Werkzeuge zur Hand hast, findest du sie vielleicht im Eisenwarengeschäft oder im Baumarkt. Dort gibt es auch Metallrohre.

Möglicherweise ist jemand dort bereit, dir das Metallrohr in Stücke zu sägen und an einem Ende jeweils zwei kleine Löcher hineinzubohren. Das längste Rohrstück sollte 30 cm lang sein, die anderen sind immer ein Stückchen kürzer. Das kürzeste Stück kann ungefähr 15 bis 20 cm lang sein. Aus einem 2 m bis 2,5 m langen Rohr kannst du sechs bis neun verschiedene Röhrchen oder Noten für dein Xylophon herausbekommen. Dann fädelst du die Schnur durch die Löcher am oberen Ende der Rohrstücke und hängst sie an dem geraden Stock auf. Mit einem Klöppel mit einem Gummikopf schlägst du sie an. Ahhhh, welch wunderbare Musik!

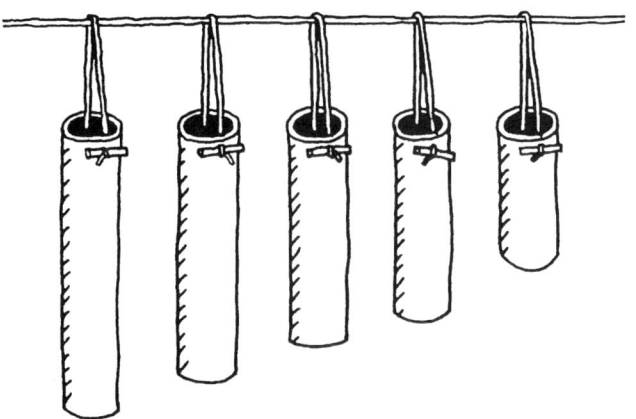

© Verlag an der Ruhr · Postfach 10 22 51 · 45422 Mülheim an der Ruhr · www.verlagruhr.de

Wie man Schlägel, Klöppel und Stöcke baut

Der beste Trommelstock überhaupt ist immer noch ein schlichter Gummispatel – so ein Ding, wie es ein Koch benutzt, um eine Schüssel auszukratzen. Mit einem Holzlöffel geht es aber auch gut. Wenn du einen Schlägel basteln möchtest, der ein bisschen professioneller aussieht, sind hier ein paar Vorschläge.
Für den Holzstab kannst du Essstäbchen, Holzdübel oder Hartholzstöcke nehmen (Ahorn, Esche, Eiche), und zwar sollten sie so gerade wie möglich sein. Wenn du magst, malst du sie an oder lackierst sie.
Für den Schlägelkopf weichst du Filzstreifen in Holzleim ein und wickelst sie dann um die Stabspitzen. Oder du versuchst es mit einem lang gezogenen Nylonstrumpf oder einer lang gezogenen Plastiktüte, mit der du die Spitze des Stocks umwickelst. Das Ende verknotest du und steckst es fest oder du befestigst es mit einem Faden.

Besen:
Diese Sorte von Schlägel hört sich auf Kesselpauken und Schnarrtrommeln besonders gut an. Am einfachsten ist es, wenn du dir einen Schneebesen aus der Küche ausleihst. Du kannst ihn aber auch selbst machen, wenn du ein paar Borsten aus dem Straßenbesen zusammenbindest oder einen altmodischen kleinen Handbesen in der Mitte durchschneidest.

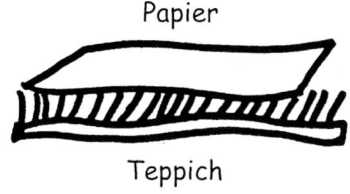

Stück Rundholz

Besenborsten

Die einfachste Schnarrtrommel der Welt

Eine Schnarrtrommel hat einen besonders aufregenden Klang, der von den Schnarrsaiten auf der Unterseite des Trommelfells herrührt. Du kannst ohne großen Aufwand einen ähnlichen Ton erzeugen, wenn du die einfachste Schnarrtrommel der Welt baust. Du brauchst nichts weiter als einen Raum mit einem dicken Teppich, ein einzelnes Blatt Papier und ein oder zwei Bleistifte. Du legst das Papier auf den Teppich und trommelst mit dem Bleistift.

Schnarrtrommel:

Papier

Teppich

Ein Schnarrtrommel-Rhythmus:
Versuch doch mal, auf dieser selbst gebauten Schnarrtrommel mit zwei Bleistiften diesen Rhythmus zu trommeln:
Ricka Ticka Ticka
Ricka Ticka Ticka
Ricka Ticka Ticka
Tim Buk Tu

Eine Kesselpauke für ganz Eilige

Mehr als einen Gummiklöppel und ein Backblech aus Metall brauchst du nicht für diese besondere Art der Kesselpauke.

Bratpfannen-Trommel

Hol dir eine Bratpfanne und einen Metalllöffel aus der Küche – und los geht's!

Aluschalen-Tamburin

Ein paar klappernde Schlüssel, Büroklammern, Knöpfe und Schellen können eine runde Aluschale, die geradewegs aus dem gelben Müll kommt, in ein ansehnliches Musikinstrument verwandeln. Du musst nur Löcher in den Rand der Aluschale machen (am besten mit einem Locher) und dann mit dünnem Draht lauter kleine Sachen daran hängen, die klappern und scheppern, wenn du dein Tamburin schlägst. Besonders hübsch sieht es aus, wenn du in einigen Löchern lange dünne Bänder oder dicke Kordeln befestigst. Und wenn du gleich zwei machst, hast du Zimbeln, die du gegeneinander schlagen kannst.

© Verlag an der Ruhr · Postfach 10 22 51 · 45422 Mülheim an der Ruhr · www.verlagruhr.de

Taktvolle Teelöffel

Mehr als einen Teelöffel in jeder Hand brauchst du nicht, wenn du einen Taktgeber beim Musikmachen suchst. Du schlägst beim Singen einfach die gewölbten Seiten der beiden Löffel gegeneinander.

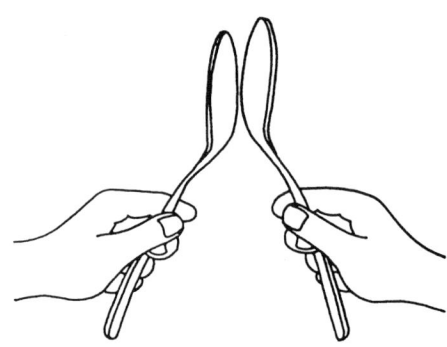

Loch zum Hineinblasen

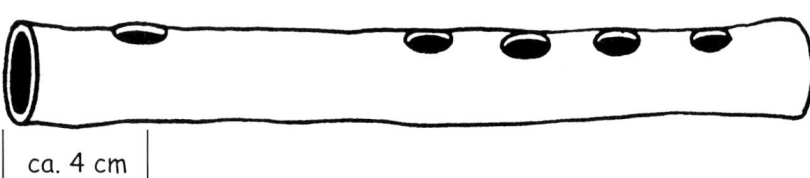

Grifflöcher für die Finger

ca. 4 cm

Eine Bambusflöte

Dies ist ein selbst gebautes Musikinstrument mit Stil und einem großartigen Klang. Du brauchst dazu ein Stück Bambusrohr, ungefähr 30 cm lang, und einen Bohrer mit einer Bohrspitze, die zwischen 3 mm und 5 mm groß ist. Bitte einen Erwachsenen, dir etwa 4 cm vom oberen Ende entfernt ein Loch in das Bambusrohr zu bohren. Das ist das Loch, in das du beim Flöte spielen hineinbläst.

Weil dies ein Instrument ist, das speziell auf dich zugeschnitten wird, kennzeichne die Stellen, an denen deine Finger bequem auf dem Rohr aufliegen und lass genau dort die Grifflöcher bohren. Gesplitterte Stellen kannst du mit einer Nagelfeile glatt schleifen.

Alleskönner Kokosnuss

Aus Kokosnüssen kannst du alle möglichen Instrumente bauen – und gleichzeitig hast du noch etwas Leckeres zu essen! Achte darauf, dass du Kokosnüsse mit unbeschädigter Schale kaufst. Dann bittest du einen Erwachsenen, sie für dich in zwei gleichgroße Hälften zu zersägen. Die Milch kannst du trinken und das weiße Fruchtfleisch essen. Übrig bleibt eine Kokosnussschale, aus der du eine Trommel oder Klapper bauen kannst.

Kokosnussklappern:
Aus Kokosnussschalen lassen sich auch tolle Klappern herstellen. Du brauchst nur die gewölbten Enden gegeneinander zu schlagen und bekommst das schönste „Bonk". Am besten funktioniert es, wenn du die „Haare" von der Schale abzupfst.

Eine Kokosnusstrommel:

Für die Kokosnusstrommel muss der Rand der Schalenhälfte ziemlich glatt sein. Du kannst sie mit Sandpapier glatt schmirgeln. Dann machst du dich auf die Suche nach dem allergrößten Luftballon, den du finden kannst, schneidest das Mundstück ab und wirfst es weg. Was von dem Ballon übrig bleibt, spannst du über den Kokosnussschalenrand. Ta-dah! Eine Kokosnussbongo! (Achte bitte sorgfältig darauf, dass du alle Reste des Luftballons wegwirfst, weil sie für kleine Kinder sehr gefährlich sein können. Vielen Dank!)

© Verlag an der Ruhr · Postfach 10 22 51 · 45422 Mülheim an der Ruhr · www.verlagruhr.de

Verzierungen für deine Instrumente

All diese Instrumente, die du baust, machen noch mehr Spaß, wenn du sie bemalst und verzierst und sie hübsch oder lustig oder verrückt oder ungewöhnlich aussehen. Als Erstes schmückst du die Kartons, mit denen du später Musik machen willst, mit Hilfe von Plakafarbe, Flitter und Schablonen. Wenn du der Plakafarbe einen winzigen Tropfen Spülmittel beimischst, wird es einfacher, glatte und glänzende Oberflächen damit zu bemalen. Während du dein zukünftiges Instrument anpinselst, beklebst und verzierst, solltest du im Hintergrund Musik spielen lassen, die dich inspiriert. Lasse deiner Kreativität freien Lauf! Nimm Farben, die so kräftig und fröhlich sind und Muster, die so wild aussehen, dass es den Anschein hat, als würden deine Instrumente von ganz alleine spielen! Bestimmt sehen sie so toll aus, dass du ein Foto davon haben möchtest!

Eine musikalische Safari in den eigenen vier Wänden

Dringender Aufruf an alle Abenteurer! Wie viele mögliche Instrumente verstecken sich noch in eurem Haus? Macht euch auf die Jagd und wir wetten, dass ihr etwas Neues auftreibt!
Euer Auftrag: geht von Zimmer zu Zimmer: Haltet Ausschau nach allem, was einen interessanten Klang erzeugen könnte. Sammelt alle Glocken, Pfeifen, Topfdeckel und Pfannen ein, die gut klingen, wenn man mit einem Holzlöffel draufhaut. Spürt Papas alte Mundharmonika auf und auch das Kazoo, das ihr mal auf irgendeiner Party geschenkt bekommen habt. Und hier sind ein paar Gegenstände, die man oft übersieht, die aber große musikalische Möglichkeiten bergen:
Schnorchelausrüstung: die Gummiröhren geben interessante Saxophone ab, wenn man in das harte Ende pustet oder singt.
Babyspielzeug: enthält oft Schellen oder Spieldosen.
Trichter: sind wunderbare Verstärker für alle Instrumente aus der Familie der Hörner.
Außerdem nicht vergessen: Fahrradklingeln, Tischglocken, altmodische Waschbretter, Kämme, Haarbürsten und sogar eine Hand voll Schlüssel!
Wenn ihr all die musikalischen Gegenstände in eurem Haus ausgekundschaftet habt – viel Spaß beim Experimentieren!

 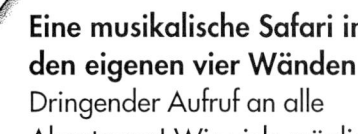

Jam-Session

Sobald du deine Sammlung von verrückten selbst gebauten Instrumenten beisammen hast, ist es Zeit für eine Jam-Session (sprich Dschäm-Seschen). Dieses Wort benutzen Musiker, wenn sie zusammenkommen um Musik zu machen. Selbst gebaute Instrumente sind sehr gut für solche Gelegenheiten geeignet, besonders wenn Freunde zu Besuch sind. Legt einfach Musik auf und spielt mit!

Und danach könnt ihr einen Umzug veranstalten und dabei alle Instrumente einsetzen, die du gebaut hast. Oder ihr könnt eine Jug-Band-Show aufziehen (siehe Seite 136). P.S. Nicht ärgern, wenn deine Freunde ein bisschen grob mit deinen selbst gemachten Instrumenten umgehen. Sie müssen ja nur so lange halten, bis die Jam-Session vorbei ist. Und außerdem macht es nicht nur Spaß, darauf zu spielen – es macht auch Spaß, neue zu bauen!

Ein Spiel für Mitspieler

Hier ist etwas, das du mit deinen Freunden spielen kannst, wenn du eine ganze Reihe von Instrumenten gebaut hast. Einer von euch ist der Anführer, der „Bandleader" (sprich bändlieder). Die anderen Mitglieder der Band machen das nach, was er vormacht.

Der Bandleader bekommt drei Instrumente, auf denen er einen Rhythmus vorspielen kann, aber die Band darf nur zweien davon folgen. Das dritte ist etwas Besonderes: das ist das Soloinstrument des Bandleaders. Wenn er „rat-a-tat-tat" auf den Instrumenten 1 und 2 spielt, antworten die Bandmitglieder mit „rat-a-tat-tat". Wenn er aber einen Rhythmus auf Instrument Nr. 3 spielt, reagiert die Band mit Schweigen! Wer dem Bandleader nachspielt, was er auf dem dritten Instrument vorspielt, scheidet aus.

Keiner spielt mit dir?

Wenn gerade niemand da ist, mit dem du Musik machen kannst, leg einfach eine CD, eine Schallplatte oder eine Kassette auf oder schalte das Radio ein. Dort findest du die größten Musiker der Welt, und die warten nur darauf, mit dir zusammen zu musizieren. Nimm dir dein Instrument und spiele oder singe gemeinsam mit den Größten!

© Verlag an der Ruhr · Postfach 10 22 51 · 45422 Mülheim an der Ruhr · www.verlagruhr.de

Der Allein-unterhalter

Wenn du ein paar Instrumente gebaut hast, ist es höchste Zeit, eine Band zusammenzutrommeln. Aber was ist, wenn du an diesem Tag gerade alleine spielst? Das ist genau der richtige Moment, um als Alleinunterhalter anzufangen.
Als Alleinunterhalter spielst du so viele Instrumente wie möglich, alle zur gleichen Zeit. Je mehr, desto besser!
Wie wär's mit der folgenden Aufgabenverteilung: ein Karton ist die Trommel und die trittst du mit einem Fuß, während deine Hände abwechselnd eine Fahrradhupe und eine Glocke spielen. (Wenn du eine Kartontrommel spielst, setzt du dich am besten auf einen Stuhl. Dann kannst du mit der Ferse drauftreten, ohne ihn wegzuschieben.)
Falls du einen Stuhl mit Streben zu Hause hast, kannst du deine Instrumente dranhängen, und außerdem kannst du mit einem Holzlöffel oder einem Gummiklöppel dagegen schlagen. Wenn du dir eine Trommel unter den Arm klemmst und mit dem Ellbogen schlägst, hast du noch einen weiteren Körperteil nutzbringend eingesetzt. Sobald du deine Instrumente so aufgebaut hast, dass du gut drankommst, kann's losgehen!

Der Alleinunterhalter präsentiert: An der schönen blauen Donau

An der schönen blauen Donau ist ein Lied über den wunderschönen europäischen Fluss Donau. Und es ist bestens für einen Alleinunterhalter geeignet. Das Lied hat einen markanten 1-2-3-Takt (einen Walzertakt), eine bekannte, einfache Melodie mit viel Gelegenheit zum Hupen und Tuten. Dazu singst du „la, la, la" oder pfeifst. Wenn du die Melodie nicht kennst, frage einen Erwachsenen.

An der schönen blauen Donau

Wir haben in dieser Version *plink plink, hup hup, bumm bumm* und *ding* verwendet, aber als Alleinunterhalter wirst du dir natürlich deine eigenen Geräusche aussuchen.

♪ *La, la, la, la, laaaaaaa* (plink plink) (hup hup)

La, la, la, la, laaaaaaa (plink plink) (hup hup)

La, la, la, la, laaaaaaaaaa (bumm bumm) (hup hup)

La, la, la, la, laaaaaaa (bumm bumm) (hup hup)

La, la, la, la, laaaaaa! (plink plink) (bumm bumm)

La, la, la, la, laaaaaaa! (bumm bumm) (hup hup)

La, la, la, la, la

La, la (Glocke läuten!) *laaaaaaaa!*

La, la, la, (schnelles „bumm") *la, la,* (schnelles „bumm") *la, la* (ding, ding, ding!) ♪

Das Lied vom Harung

Hier ist ein anderer Alleinunterhalter-Hit. Bei dir zu Hause oder in der Schule gibt es bestimmt jemanden, der die Melodie dazu kennt. Es ist auch toll zu singen.

♪ *In einen Harung jung und stramm,
zwo, drei, vier: Ss-ta-ta, ti-ral-la-la,
(hup hup hup, bumm ding ding ding)
der auf dem Meeresgrunde
schwamm, zwo, drei, vier: Ss-ta-ta,
ti-ral-la-la, (hup hup hup, bumm ding
ding ding)
verliebte sich, oh Wunder,
'ne olle Flunder, 'ne olle Flunder,
(bumm bumm)
verliebte sich, oh Wunder,
'ne olle Flunder.
(bumm ding bumm)*

*Der Harung sprach: Du bist verrückt,
zwo, drei, vier: ...
(hup hup hup, bumm ding ding ding)
du bist mir viel zu platt gedrückt.
zwo, drei, vier: ...
(hup hup hup, bumm ding ding ding)
Rutsch mir den Buckel runter,
du olle Flunder, du olle Flunder!
(bumm bumm)*

*Rutsch mir den Buckel runter,
du olle Flunder!
(bumm ding bumm)*

*Da stieß die Flunder in den Grund,
zwo, drei, vier: ...
(hup hup hup, bumm ding ding ding)
wo sie 'nen goldnen Rubel fund,
zwo, drei, vier: ...
(hup hup hup, bumm ding ding ding)
ein Goldstück von zehn Rubel,
oh, welch ein Jubel, oh, welch ein
Jubel, (bumm bumm)
ein Goldstück von zehn Rubel,
oh, welch ein Jubel.
(bumm ding bumm)*

*Da war die olle Schrulle reich,
zwo, drei, vier: ...
(hup hup hup, bumm ding ding ding)
da nahm der Harung sie sogleich;
zwo, drei, vier: ...
(hup hup hup, bumm ding ding ding)
denn so ein oller Harung,
der hat Erfahrung, der hat Erfahrung,
(bumm bumm)
denn so ein oller Harung,
der hat Erfahrung.
(bumm ding bumm)* ♪

Ein zusammen-gewürfeltes Orchester

Wenn du eine Reihe von Instrumenten gebaut hast, könntest du sie doch in Instrumentalgruppen einteilen, wie bei einem richtigen Orchester. Da gibt es die Streich- oder Zupfinstrumente, bei denen du an den Saiten zupfst, um einen Klang zu erzeugen. Dann sind da die Blasinstrumente, in die du hineinblasen musst. Die Schlaginstrumente müssen angeschlagen oder geschüttelt werden und dann lassen sie einen Rhythmus hören.

In der Gruppe der Streichinstrumente:
Pappschachtelgeige
Einfache Bassgeige
Kosmetiktücherschachtelgeige
Schuhkartongitarre
Bungee-Bassgeige

In der Gruppe der Bläser:
Bambusflöte
Pappröhrenhorn

In der Gruppe der Schlaginstrumente:
Papiertütenmaracas
Kaffeedosenschüttelrohr
Einfache Trommel
Kokosnusstrommeln und -klappern
Taktvolle Teelöffel
Aluschalentamburin und -zimbeln

© Verlag an der Ruhr • Postfach 10 22 51 • 45422 Mülheim an der Ruhr • www.verlagruhr.de

Den Taktstock schwingen

Wenn du mehr über's Dirigieren oder Führen eines Orchesters erfahren willst, lies auf den Seiten 108 und 109 nach. Es macht wirklich großen Spaß!

Und die Musik spielt dazu

Mit deinem zusammengewürfelten Orchester kannst du beliebte Melodien spielen wie *Ein Mann, der sich Kolumbus nannt, Mein Hut, der hat drei Ecken* und *Das Wandern ist des Müllers Lust.*

Es macht aber auch Spaß, gleichzeitig mit deiner Lieblingsmusik vom Band zu spielen. Als Dirigent hast du die Aufgabe, den Takt anzugeben, indem du die Hand im Rhythmus der Musik bewegst.

Am meisten Spaß macht es vielleicht, wenn du neue Musik entdeckst, zu der du spielen kannst. Schalte das Radio ein und such dir Musik, die dir gefällt, die du aber noch nie zuvor gehört hast. Und dann lass dein zusammengewürfeltes Orchester mitspielen!

Der Umzug der Musikanten

Dein zusammengewürfeltes Orchester kann auch einen Umzug veranstalten. Ihr müsst euch nur eure Instrumente nehmen und losmarschieren (siehe „Umzugspläne", Seite 126).

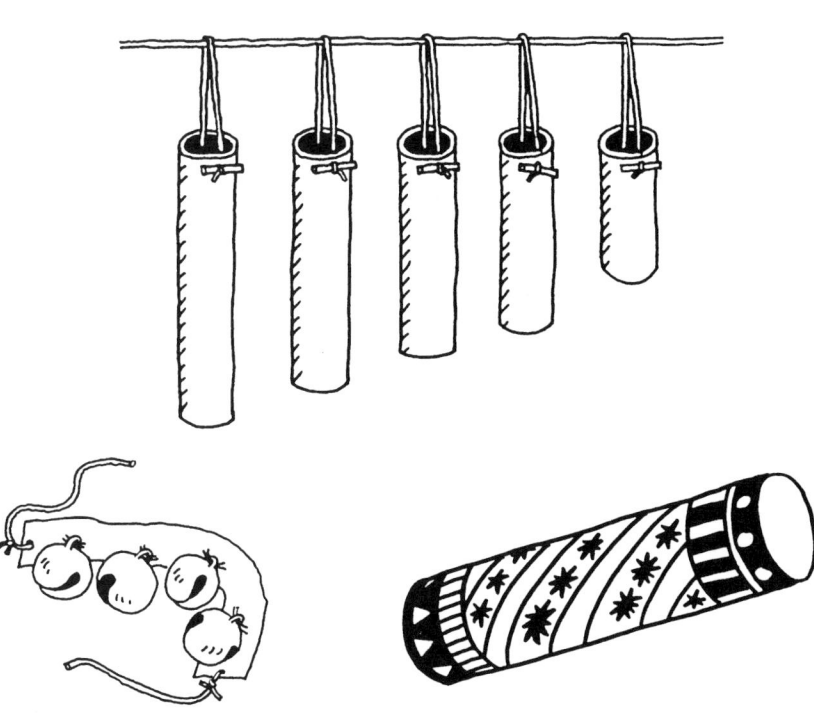

Wie man ein Bum-Bah bastelt

Wie bitte? Du hast noch nie von einem Bum-Bah gehört? Dann warst du wohl noch nie im „Leather Corner Post Hotel" in Fogelsville in Pennsylvania, USA! Dort ist nämlich die Heimat der Bum-Bahs, wo die Leute jeden Freitagabend „bumen" und „bahen", was das Zeug hält. Aber keine Sorge! Du musst nicht den ganzen Weg nach Pennsylvania zurücklegen, um ein Bum-Bah zu finden. Du kannst dir ja selbst eins bauen, denn das ist genau das, was die Leute in Fogelsville auch machen. Und sie sollten es wissen, denn immerhin haben sie die Bum-Bahs erfunden.

Hierzulande gibt es etwas, das man Schellenstock nennt, und die Bum-Bahs aus Fogelsville haben entfernte Ähnlichkeit mit diesem Instrument. Wenn du dir deinen eigenen, unverwechselbaren Schellenstock bauen willst, suchst du dir am besten einen Besenstiel mit einer Sprungfeder und befestigst einen Gummifuß daran (wie man sie an Stuhlbeinen findet). Wenn du keinen Gummifuß zur Hand hast, spielst du den Schellenstock am besten in einem Karton oder du beklebst die Unterseite mit Filz, damit er auf dem Fußboden keine Spuren hinterlässt. Wenn du den Besenstiel bunt bemalt und verziert hast, wird es Zeit, sich um die Schellen zu kümmern. Dabei musst du dich keineswegs auf Schellen und Glöckchen beschränken. Vielmehr findet am Schellenstock alles Verwendung, was ordentlich scheppert, rasselt und Krach macht, zum Beispiel Schlüssel, Kronkorken, Flaschendeckel oder Topfdeckel. Diese „Krachmacher" befestigst du mit biegsamen Drahtstücken oder du nagelst sie locker an den Stock.

Wie man den Bum-Bah spielt

Es ist wirklich nicht besonders schwierig, dieses Instrument zu spielen, ob man es nun Bum-Bah oder Schellenstock nennt. Auf jeden Fall macht es riesigen Spaß. Du musst nichts weiter tun als mit dem Stock auf den Boden zu stampfen und im Takt dazu aus voller Kehle zu singen. Je mehr Stöcke mitmachen, desto besser. Vielleicht lädst du ein paar Freunde zu einer Schellenstock-Bastel-Party ein und wenn ihr fertig seid, könnt ihr nach Herzenslust scheppern und singen.

Im „Leather Corner Post Hotel" stampfen die Bum-Baher zur Musik aus der Musikbox und es ist egal, welcher Musikstil gerade gespielt wird, ob Polka oder Disko-Sound. So kannst du es mit deinen Freunden auch machen, wenn du Kassetten auflegst oder das Radio einschaltest. Am wichtigsten ist es aber, dass ihr Spaß habt, denn das ist das Geheimnis einer erfolgreichen Bum-Bah-Party. Das gilt natürlich immer, wenn es ums Musikmachen geht!

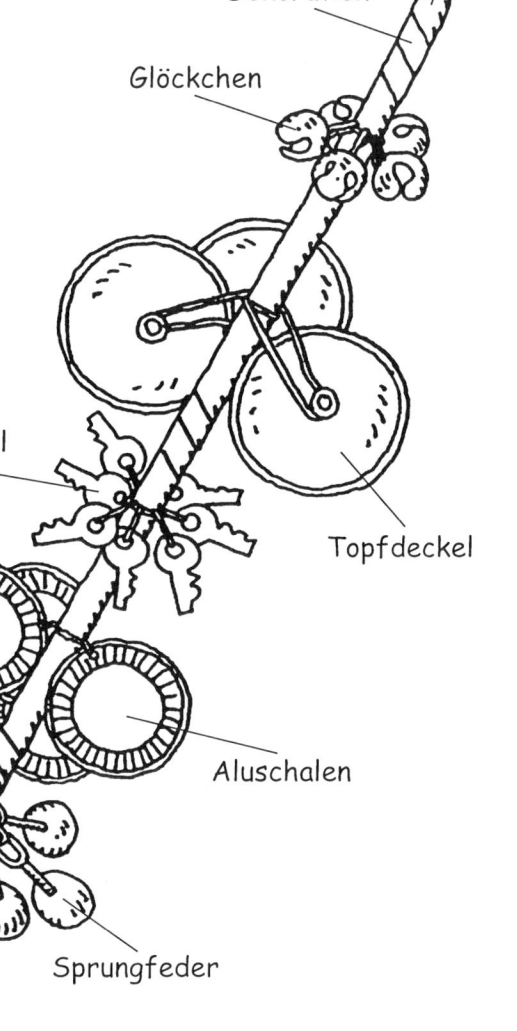

Besenstiel

Dekoration

Glöckchen

Schlüssel

Topfdeckel

Aluschalen

Babyrasseln

Sprungfeder

Gummifuß

© Verlag an der Ruhr · Postfach 10 22 51 · 45422 Mülheim an der Ruhr · www.verlagruhr.de

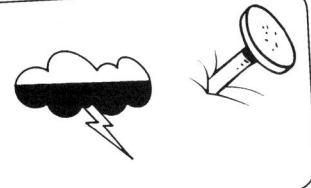

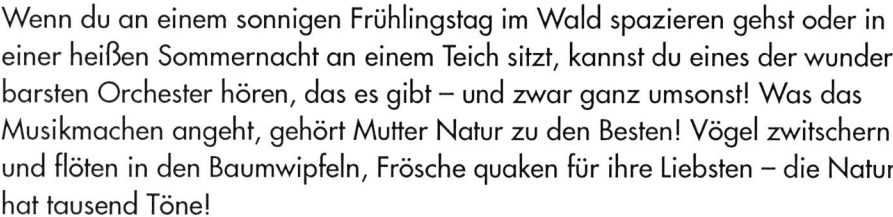

Naturmusik

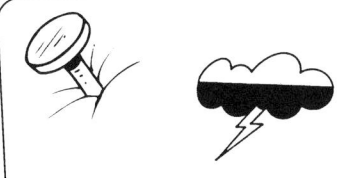

Musik ist überall

Wenn du an einem sonnigen Frühlingstag im Wald spazieren gehst oder in einer heißen Sommernacht an einem Teich sitzt, kannst du eines der wunderbarsten Orchester hören, das es gibt – und zwar ganz umsonst! Was das Musikmachen angeht, gehört Mutter Natur zu den Besten! Vögel zwitschern und flöten in den Baumwipfeln, Frösche quaken für ihre Liebsten – die Natur hat tausend Töne!

Wie viele verschiedene Arten von Naturmusik fallen dir ein? Drei? Fünf? Zehn? Hier ist eine als Einstieg: das Klatschen der Wellen an den Strand. Jetzt bist du an der Reihe!

Jahreszeitenklänge

Jede Jahreszeit hat ihre eigene, ganz besondere Musik:
Im Frühling zwitschern die Vögel.
Im Sommer summen Insekten.
Im Herbst wirbeln die Blätter zu Boden.
Winterstürme heulen.

Welche Jahreszeit ist es jetzt? Welche besonderen Klänge gehören zu dieser Jahreszeit?

© Verlag an der Ruhr · Postfach 10 22 51 · 45422 Mülheim an der Ruhr · www.verlagruhr.de

Musikalische Geschichten zu den Jahreszeiten

Du kannst dir zu jeder Jahreszeit musikalische Geschichten ausdenken, und zwar so:
Leg Musik ohne Worte auf und spiele nach, was sich in einer Jahreszeit normalerweise ereignet. Lass deiner Fantasie freien Lauf!
In einer Frühlingsgeschichte kannst du so tun, als wärst du eine Blume, die aus dem Boden sprießt.
Du beginnst als Samen, der zusammengerollt in der Erde liegt.
Passend zur Musik richtest du dich auf und entfaltest deine Blüte. Wenn du einen Freund hast, der mitspielt,

kann er vielleicht ein Schmetterling oder ein Vogel sein, der um die Blume herumflattert.
Für die Sommergeschichte könntest du eine zirpende Grille sein, ein Frosch am Teich oder auch die heiße Sonne, die über den Himmel wandert. Oder wie wär's mit einem Gewitter?
In der Herbstgeschichte wirbeln Blätter im Wind und fallen schließlich zu Boden. Stell dir vor, du bist ein Blatt, das vom Wind getragen zu Boden schwebt.
Im Winter könntest du eine Schneeflocke sein, die vom Himmel fällt. Oder du könntest den kalten Wind spielen, der um die Ecken pfeift oder ein tanzender Schneemann, der zu schmelzen beginnt, wenn sich die Sonne zeigt!

Zeitlose Inspiration

Der klassische Komponist Vivaldi hat sich ebenfalls von den wechselnden Jahreszeiten inspirieren lassen.
Er schuf *Die Vier Jahreszeiten*, ein wunderbares Werk klassischer Musik, das du in deiner Bücherei finden kannst. Benutze es als Hintergrund für deine eigenen Jahreszeitengeschichten. Oder hör es dir mit deiner Familie an und überlegt gemeinsam, wie ihr euch fühlt, wenn ihr diese Musik hört.

Die Klänge der Natur malen

Es gibt viele verschiedene Möglichkeiten, um die Musik auszudrücken, die du in der Natur hörst. Du könntest zum Beispiel ein paar Farbstifte und Papier nehmen und das malen, was du hörst. Die Klänge der Musik und deine Gefühle würden zusammen ein wunderbares Kunstwerk ergeben – von dir!
Ist dir nicht nach Malen zumute? Dann hast du vielleicht Lust aufzuschreiben, was du fühlst, wenn du die Klänge der Natur hörst. Wenn du ein Gedicht schreibst, wird möglicherweise später ein Liedtext daraus!

© Verlag an der Ruhr · Postfach 10 22 51 · 45422 Mülheim an der Ruhr · www.verlagruhr.de

Licht! Leben!

Zu leben und Teil dieser Welt zu sein, ist ein einziges riesiges und unvergleichliches Wunder. Von dem Moment unserer Geburt an erfühlen, erkunden und entdecken wir unsere Welt. Welch eine Erfahrung! Welch ein Abenteuer! Und welch eine Aufgabe!

Manchmal kann das Menschsein ganz schön überwältigend sein. An einem Tag bist du froh, der Himmel ist blau und das Leben ist wunderbar. An anderen Tagen ballen sich die Gewitterwolken über dir zusammen, du zankst dich mit deinem besten Freund und das Leben erscheint dir ziemlich trübsinnig.

Zum Glück hat uns die Natur – in diesem Fall die menschliche Natur – allerlei mitgegeben, das uns hilft, mit diesen Achterbahngefühlen zurechtzukommen, die zum Leben dazugehören.

Das sind einmal ganz besondere Leute in unserem Leben, die wir besonders gerne haben – das nennt man Liebe. Und dann ist da die Kunst. In der Kunst drücken wir aus, wie wir uns fühlen. Mit der Kunst zeigen wir anderen, was tief in unserem Inneren vorgeht. Und die Kunst hilft uns zu verstehen, was wir fühlen.

Kunst, das kann Malerei, Zeichnungen, Bildhauerei, kreatives Schreiben, Theater, Musik oder Tanz sein. Jede kreative Aktivität, die ausdrücken soll, was im Herzen oder in der Seele eines Menschen passiert, gehört dazu.

Musik kann so viel von dem ausdrücken, was es heißt, ein Mensch zu sein. Deshalb ist Musik eine große Kunst, vielleicht sogar die größte.

Es ist ganz schön schwierig, sich das Leben ohne Musik vorzustellen, oder? Es ist kein Wunder, dass Menschen auf der ganzen Welt jeden Tag Musik hören und spielen. Aber die Glücklichsten sind natürlich die, die tatsächlich die Möglichkeit haben, Musik zu machen – so wie du!

Ein musikalischer Wetterbericht

Wenn das Wetter Musik wäre, wie würde sich dann ein sonniger Tag anhören? Kannst du dir einen Klang ausdenken für Schäfchenwolken, die über den Himmel ziehen?
Und wie ist es mit einer stürmischen Nacht mit Blitz und Donner?
Wie würdest du Regen in der Musik ausdrücken?
Wie ist das Wetter jetzt, in diesem Moment? Wenn das Wetter von heute sich in Musik verwandeln würde, wie würde das klingen?
Wenn du ein Lied darüber schreiben würdest, was würdest du darin sagen?

Liedtexte schreiben

Liedtexte sind die Worte zur Musik. Manchmal sind es nur ein paar Worte voller ehrlicher Gefühle, die den Anstoß zu einem Lied geben, oder es ist eine Redewendung, die dem Liedtexter in den Sinn kommt. Die Worte wecken eine Stimmung und setzen deine kreativen Gefühle in Gang.
In Liedern sagst du mehr mit weniger Worten. Bei einem Liedtext zählt jedes Wort und je weniger Worte du brauchst, um das auszudrücken, was du fühlst, desto tiefer werden die Leute deinen Text empfinden. Wenn du dir die Worte vor der Melodie ausdenkst, musst du nur darauf achten, dass die Musik für jede Silbe deines Textes einen Schlag hat (für jeden einzelnen Klang).
Und wenn du dir zuerst die Melodie ausdenkst, achte darauf, dass die Worte zu der Anzahl der Noten passen.
So passt zum Beispiel die Melodie von *Backe, backe Kuchen, der Bäcker hat gerufen* nicht zu den Worten „Kuchen backen, wir woll'n leckeren Kuchen backen", oder?
Aber wenn man die Worte „Liebe, liebe Oma, ich komm dich heut besuchen" nimmt, dann hat man schon mal einen Anfang.
Die Anzahl der Noten und die Anzahl der Silben aufeinander abzustimmen, ist die wichtigste Regel beim Liedtextschreiben.
Liedtexte reimen sich oft, das muss aber nicht unbedingt so sein.

© Verlag an der Ruhr · Postfach 10 22 51 · 45422 Mülheim an der Ruhr · www.verlagruhr.de

Instrumente aus der Natur

Unsere Vorfahren hatten keine Blockflöten oder Mundharmonikas, Gitarren oder Klaviere, auf denen sie hätten spielen können, aber das hat sie keineswegs daran gehindert, Musik zu machen. Sie schufen Musik aus den Gefühlen in ihnen und aus allem, was sie ringsum in der Natur finden konnten. Sie lernten so Musik zu machen, wie wir es heute machen: durch Zupfen, Blasen und Schlagen.

Vielleicht hat ein Steinzeitjunge einen Knochen mit einem Loch drin gefunden und hineingeblasen. Die schönen Klänge, die herauskamen, haben ihm sicher Freude gemacht. Und dann hat er angefangen zu experimentieren und noch mehr Löcher hineingebohrt, bis er schließlich eine Art Flöte hatte, auf der er spielen konnte. Auf diese Weise wurden wahrscheinlich die ersten Holzblasinstrumente geschaffen.

Ein Steinzeitmädchen fand vielleicht irgendwo das Horn eines Widders und blies hinein. Und schon war das erste Horn entstanden!

Ein Jäger aus grauer Vorzeit hat vielleicht herausgefunden, dass etwas Musikalisches dabei herauskam, wenn er an seiner Bogensehne zupfte. Ein paar Jahrhunderte später führte die Entdeckung zu der Entwicklung von Saiteninstrumenten wie Gitarren und Geigen.

Klingende Felsen

Im Osten Pennsylvanias, in den Vereinigten Staaten von Amerika, gibt es einen Park mit dem Namen „Klingende Felsen". Die Leute, die diesen ungewöhnlichen Park besuchen, bringen Hämmer mit, und das hat einen Grund: wenn man nämlich auf einen Felsen schlägt, erklingt ein Ton wie Glockenklang. Das liegt an dem hohen Eisenanteil des Gesteins. Wenn du eine Stelle mit vielen Steinen und Felsen kennst, versuch doch mal, mit dem Hammer draufzuhauen. Vielleicht kommt auf diese Weise zum Vorschein, dass es ganz in deiner Nähe ebenfalls klingende Felsen gibt.

Ein Steinzeitorchester

Auch heute noch können wir in der Natur Sachen finden, mit denen wir flöten, trommeln oder rasseln können und die helfen, die Musik in uns hervorzuholen. Geh mal zum Spaß ins Freie und tu so, als würdest du in der Steinzeit leben. Welche Musikinstrumente kannst du bauen und dafür benutzen, deine musikalischen Gefühle auszudrücken? Auf Seite 84 findest du Bastelanleitungen für Instrumente aus der Steinzeit.

Ich hör's läuten!

Eine Weidenflöte herstellen

Weidenflöten sind Flöten, die wie der Wind klingen.

Du suchst dir zuerst einmal einen dicken Weidenstock, am besten im Frühjahr, wenn der Pflanzensaft fließt. Den Stock weichst du eine Stunde lang in Wasser ein, dann biegst du ihn vorsichtig hin und her und zupfst sachte an dem Inneren, bis es sich von der Rinde löst und entfernen lässt. Am oberen Ende machst du einen schrägen Schnitt und kerbst ihn seitlich ein. Dann kommen noch zwei Grifflöcher am unteren Ende, damit du verschiedene Töne flöten kannst. Und dann gehst du nach draußen und flötest unter den Bäumen.

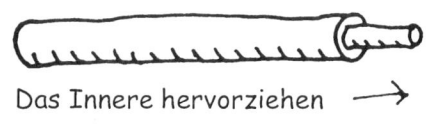

Das Innere hervorziehen →

Schlitzen und einkerben

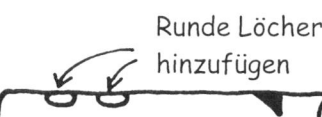

Runde Löcher hinzufügen

Kürbisrankenfagott

Im Herbst suchst du dir die dickste Kürbisranke, die du finden kannst und höhlst sie mit der Spitze eines Schraubenziehers aus. Auf der Rückseite machst du ein Loch für den Daumen, auf der Vorderseite machst du zwei weitere Löcher. Durch das Abdecken der Löcher mit den Fingern kannst du verschiedene Töne erzeugen.

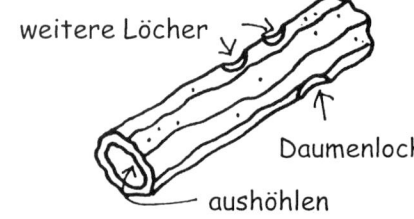

weitere Löcher

Daumenloch

aushöhlen

Eine Astgabelharfe

Zugegeben, dieses Instrument ist streng genommen keines, das aus der Steinzeit stammen könnte, aber es klingt gut. Suche dir eine Astgabel und spanne Gummibänder über die Öffnung. Und schon hast du eine wunderbare, einfache Harfe!

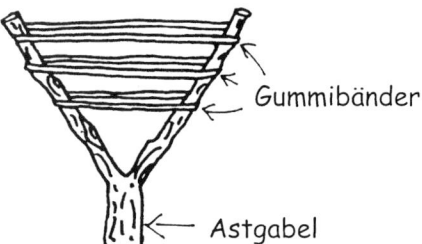

Gummibänder

Astgabel

Auf der Muschel blasen

Die Steinzeitmenschen fanden heraus, dass sich aus Muschelschalen gute Instrumente machen lassen. Wenn du eine große Muschel hast und an der Spitze ein Loch machen kannst, dann versuch es mal und blase hinein. Wenn die Muschel jemand anderem gehört, frag auf jeden Fall vorher um Erlaubnis. Du kannst den Klang dadurch verändern, dass du beim Blasen die Faust in die Muschelöffnung steckst.

ein kleines Loch machen

Flaschenkürbisse sind gute Schüttelrohre

Zur Kürbiszeit kaufst du dir ein paar Flaschenkürbisse und legst sie an einen warmen, trockenen Ort. Und dann wartest du, ungefähr vier Monate lang! Die Kürbisse trocknen innen aus, so dass du die Samen im Innern herumschütteln kannst.

Grasflöte

Einige Grasarten mit flachen Halmen machen Pfeiftöne, wenn du sie dir über den Mund legst und pustest. Wenn du dir den Grashalm straff gespannt zwischen den Außenkanten deiner beiden Daumen festklemmst und dann auf den schmalen Spalt bläst, beginnt der Halm zu vibrieren und erzeugt einen durchdringenden Quietschton.

© Verlag an der Ruhr · Postfach 10 22 51 · 45422 Mülheim an der Ruhr · www.verlagruhr.de

Wasserklänge

Maurice Ravel, Georg Friedrich Händel und Claude Debussy waren Musikmacher, die die Klänge der Natur in ihre Werke eingeflochten haben. Wenn du dir Debussys *La Mer*, Händels *Wassermusik* und Ravels *Jeux d'Eau* anhörst, kannst du merken, wie diese großen Komponisten in der Musik den Klang des Wassers lebendig werden lassen.

Der Himmel als Inspiration

Vom Anbeginn der Zeit an haben Sonne, Mond, Wolken und Sterne die Menschen inspiriert, Musik zu machen. Wie viele Lieder fallen dir ein, in denen diese Himmelskörper vorkommen? Deine Antwort kannst du singen oder summen. Hier sind ein paar Titel für den Anfang:
Guter Mond, du gehst so stille
Guten Morgen, liebe Sonne
Weißt du, wie viel Sternlein stehen?

Modernere Titel?

Es gibt noch jede Menge andere Himmelslieder, vor allem, wenn du dir die Liedtexte ansiehst und nicht nur die Titel. Überleg gemeinsam mit deiner Familie und deinen Freunden. Wie viele Lieder fallen euch ein? Vielleicht hängt ihr eine Liste an euren Kühlschrank, die ihr ständig erweitern könnt oder du machst daraus ein Poster für deine Zimmertür.

Vogellieder

Du kannst dich mit einigen der besten Sänger zusammentun, die in der Natur zu finden sind und mit ihnen gemeinsam Musik machen. Das macht Spaß und die Ergebnisse können erstaunlich sein. Was du dafür tun musst? Du suchst dir einfach einen Singvogel und hörst ihm zu. Und dann versuchst du, das zu singen oder zu pfeifen, was du hörst. Weil du ein Mensch bist, wird es sich etwas anders anhören als bei dem Vogel.

Vielleicht hast du sogar Lust, verschiedene Vogelstimmen unterscheiden zu lernen. Es macht wirklich Spaß, den Ruf einer Ringeltaube oder das Singen einer Amsel zu erkennen. Außerdem ist es eine gute Übung für dein Ohr, weil du gut zuhören musst. Frag in deiner Bücherei nach einer Aufnahme von Vogelstimmen und vielleicht gibt es auch einen Zoo oder Vogelpark in der Nähe, in dem du mehr über Vögel und ihre Lieder lernen kannst. Viel Spaß mit einem der schönsten Klänge der Natur!

Das Aufnahmestudio der Natur

Unsere Welt ist ganz schön groß und sie ist voller Betriebsamkeit und voller Geräusche. Wie wär's mit einer Tonbandaufnahme von all diesen Klängen? Leih dir einen Kassettenrekorder aus und mach dich auf in die freie Natur, um dort das Summen von Bienen, das Plätschern eines Baches, Hundegebell, Vogelzwitschern und vieles andere mehr aufzunehmen. Ihr werdet bestimmt etwas ganz Tolles finden, Mutter Natur und du!

Eichhörnchen, lauf!

Eichhörnchen, lauf! ist ein Tanzlied, zu dem ihr euch die Bewegungen selbst ausdenken könnt. Auch die Melodie wählt ihr selbst – erfindet sie einfach zu den Worten *„Jaddel jaddel diddl dum!"* Ein Mitspieler ist das Eichhörnchen, die anderen sind die Bäume. Wenn ihr mehr Sänger in eurer Gruppe habt, stellt noch ein paar Bäume dazu, es gibt aber nur ein Eichhörnchen.

Das Eichhörnchen huscht um die Bäume herum und tanzt im Takt zu *„Jaddel jaddel diddl dum"* – schnell oder gaaaanz langsam. Das Spiel macht noch mehr Spaß, wenn ihr leise zu singen beginnt und allmählich immer lauter werdet. Sobald ihr zum Stichwort *„Eichhörnchen ..."* kommt, können sich die Bäume frei bewegen und versuchen, das Eichhörnchen zu fangen.

♪ *Eichhörnchen, lauf!*

Jaddel jaddel diddl dum
Jaddel jaddel diddl dum
Jaddel jaddel diddl dum
Jaddel jaddel diddl dum
Eichhörnchen, lauf! Jaddel jaddel diddl dum!
Jaddel jaddel diddl die! ♪

Hier sind noch mehr Wendungen, die ihr an Stelle von „Eichhörnchen, lauf!" singen könnt:
Eichhörnchen, hüpf!
Eichhörnchen, lauf auf einem Bein!
Eichhörnchen, fang das!
Eichhörnchen, guck!

Eine höhere Macht mit Musik feiern

Eine höhere Macht ist eine Macht, die größer ist als alle Menschen, Orte oder Sachen. Einige Leute geben ihrer höheren Macht den Namen Gott, andere haben andere Namen dafür, wie Jesus, Buddha, Allah, Jehova, der Große Geist, die Göttin oder einfach Güte, Wahrheit oder Liebe. Wenn wir an unsere höhere Macht denken, erinnern wir uns an das Beste in uns. Egal welchen Namen du deiner höheren Macht gibst: wenn du sie mit Musik ehrst, bleibst du in Kontakt mit diesem wichtigen Teil deines Lebens. Und zu erfahren, wie andere sie feiern, wird dein Leben noch reicher machen.

© Verlag an der Ruhr · Postfach 10 22 51 · 45422 Mülheim an der Ruhr · www.verlagruhr.de

Eine alte Feuerzeremonie

Schon immer haben die Menschen Frieden und Weisheit gefunden, wenn sie um ein Feuer herumsaßen. Ein Feuer erinnert uns daran, dass sich alles verändert und dass auch wir wachsen und uns verändern müssen.

Diese Feuerzeremonie stammt von den Indianern im Nordwesten der Vereinigten Staaten und den Schamanen oder „Heiligen Leute" aus Peru in Südamerika. Getrommel, Gesang und Sprechgesang sind wichtige Teile dieser Zeremonie. Du kannst eine Feuerzeremonie in einem Haus mit einem offenen Kamin abhalten oder an einem sicheren Ort im Freien. Dabei musst du aber unbedingt einen Erwachsenen um Hilfe bitten. Zünde nie ein Feuer an, ohne dass ein Erwachsener dabei ist!

Singende Trommeln

Die Zeremonie beginnt mit einem Gebet, das die vier Winde einlädt, den Südwind, den Nordwind, den Ostwind und den Westwind. Derjenige, der das Gebet spricht, wendet sein Gesicht nacheinander jeder der vier Himmelsrichtungen zu, während er singt:

♪ *Oh, Winde des Südens,
weht heute Abend über uns.
Komm zu uns, Geist der Schlange!
Du streifst deine Haut ab
und erinnerst uns daran, dass wir
wachsen und uns verändern müssen.*

*Oh, Winde des Westens, warme Winde,
weht heute Abend über uns.
Komm zu uns, Geist des Jaguars!
Lehre uns, stark und wahrhaftig zu sein.*

*Oh, Winde des Nordens, kalte Winde,
weht heute Abend über uns.
Komm zu uns, Geist des Pferdes!
Lehre uns Weisheit und Geduld.
Lehre uns Güte gegen andere.*

*Oh, Winde des Ostens, die jeden neuen Tag bringen,
weht heute Abend über uns.
Komm zu uns, Großer Adler!
Lehre uns sehen, wie aus luftiger Höhe.
Lehre unseren Geist frei und schöpferisch zu sein.*

*Mutter Erde, Vater Himmel,
Großvater Sonne, Großmutter Mond,
segnet uns und alle Menschen mit diesem Feuer heute Abend.* ♪

Nun ist das Feuer angezündet und es wird still. Die Flammen beginnen zu züngeln und wer will, fängt an zu singen oder zu trommeln.
Die Trommeln bei der Feuerzeremonie werden singende Trommeln genannt, weil sie so viel von dem ausdrücken, was Leute fühlen. Für das Trommeln gibt es keine Regeln. Es passiert ganz frei, aus der Stimmung der Leute heraus. Zuerst sind die Trommeln normalerweise leise und ruhig; sie werden lauter, je höher das Feuer brennt. Es ist eine gute Idee, weitere Trommeln oder Schüttelrohre zur Hand zu haben, damit jeder, der möchte, in den Rhythmus einstimmen kann. Die Trommeln scheinen einen Zauber zu beschwören, wenn sie in einem Rhythmus zusammen klingen. Sie rufen das Feuer an, den Großen Geist und sie rufen sich gegenseitig an. Lasst sie spielen oder schweigen und dann wieder spielen.

Gesang an den Großen Geist

Dieser Sprechgesang feiert den Geist unseres schönen Planeten und des ganzen Universums.

Oh, Großer Geist,
Erde, Sonne, Himmel, Meer,
du bist in mir
und überall ringsumher.

Um eine Melodie für diese Worte zu finden, sprich sie langsam. Du kannst sie auch im Rhythmus dieses gleichmäßigen 1-2-3-4-Taktes zählen, wenn du möchtest, zum Beispiel:

1-2	3 - 4	1-2-3-4
Oh,	Großer	Geist,

1-2	3-4	1-2	3-4
Erde,	Sonne,	Himmel,	Meer,

1-2-3	4	1	2-3-4
du	bist	in	mir

1	2-3-4	1-2-3-4
und	überall	ringsumher.

Ein Moment ganz für dich

Wenn das Feuer lodert und die Trommeln gleichmäßig schlagen, kann jeder, dem danach zumute ist, näher gehen und sich einen Augenblick ganz für sich nehmen. Nimm dir diese Zeit für ein stilles Gebet oder private Gedanken oder auch einfach, um die Schönheit des Feuers zu betrachten. Falls es etwas gibt, das du ändern möchtest, wie ein trauriges oder ärgerliches Gefühl, schreibst du es vielleicht auf ein Stück Papier und wirfst es ins Feuer.

Die Zeremonie ist zu Ende: ein Medizinkreis

Das Ende der Zeremonie kommt nach den privaten Augenblicken am Feuer. Nun werden die Leute, die an der Zeremonie teilgenommen haben, zu einem „Medizinkreis" und schicken heilende Gedanken oder Gebete in die Welt. Sie denken an andere Leute und beten für sie oder für den Frieden. („Ich schicke meiner Großmutter diese Gedanken für gute Gesundheit.") Du kannst Gedanken des Verstehens und Mitfühlens hinausschicken. Du kannst an das denken, was es Gutes in der Welt gibt.

© Verlag an der Ruhr · Postfach 10 22 51 · 45422 Mülheim an der Ruhr · www.verlagruhr.de

Spaß mit Musik

Sonderprogramm für einen Regentag

Tanzvergnügen im Wohnzimmer

Der Tag ist dunkel und grau, Regen peitscht an die Scheiben. Wir bleiben im Haus, statt uns draußen die Zeit zu vertreiben.

Wir hatten mal so einen Tag. Guckten aus dem Fenster und sagten: Oh nein! Fühlten uns leer und klein. Bis wir jemanden trafen, der Sachen passieren lassen konnte – mit Musik! „Kommt, wir machen ein Tanzlokal auf, gleich hier im Wohnzimmer!" rief er und rannte zum Radio. „Schieb den Sofatisch beiseite. Holt Taschenlampen! Wir brauchen Scheinwerfer!" Fünf Minuten später war das Licht aus und das Radio war an:

Wir hopsten und sprangen und tanzten wild umher, mit toller Tanzmusik fiel uns das auch gar nicht schwer. Wir tobten uns mal richtig aus und es war eigentlich ganz schön im Haus. Wir tanzten mal zusammen, mal allein und drehten uns im Taschenlampenschein. Wir fühlten uns gut, waren frohgemut. Es klingelte an der Tür. „Was ist das denn hier?" fragte der Mann von nebenan. „Kommen Sie rein, machen Sie mit, tanzen Sie und bleiben Sie fit!" Und schon war er dabei, mittendrin in der Tollerei. Dabei sang er lustig und ganz laut, hätten wir ihm gar nicht zugetraut. Und wieder ging die Schelle, nun stand Oma auf der Schwelle. „Mensch, ist hier was los! Das ist ja furios!"

Spricht's und stürzt sich ins Gewühl und tanzt und singt mit viel Gefühl. Der Regen hat seinen Schrecken verloren und wir haben uns geschworen: Sowas machen wir jetzt immer, in irgendeinem großen Zimmer.

Wenn es heute also grau und nass draußen ist, brauchst du nicht den Mut zu verlieren. Es ist noch nicht aller Tage Abend! Du kannst ein bisschen Platz schaffen für das Tanzvergnügen im Wohnzimmer. Schwenke deine Taschenlampe, stell die Musik ein und schwing das Tanzbein.

© Verlag an der Ruhr · Postfach 10 22 51 · 45422 Mülheim an der Ruhr · www.verlagruhr.de

Ein Loblied auf dich selbst

Wie wär's mit einem ganz besonderen Lied über diese ganz besondere Person, die du jeden Tag im Spiegel siehst? Ach, komm – nun sei nicht so schüchtern! Denk doch nur an all die wunderbaren Sachen an dir, die du gut zu Musik machen kannst. Du brauchst nur ein paar Reime, die zu deinem Namen passen und schon bist du dabei.

Wie viele Wörter findest du, die sich auf deinen Namen reimen? Vergiss nicht, dass man in einem Lied ruhig ein bisschen mit den Reimen schummeln kann. Wenn du zum Beispiel sagst: „Ich heiß Lukas und ich tu was", geht das auf jeden Fall als Reim durch.

Wenn es zu deinem Namen keinen Reim gibt, stellst du ihn einfach an den Beginn der Zeile:

Ich, Carina, kann so viele Sachen machen.
Ich kann schwimmen, ich kann lachen.
Ich kann tanzen, trommeln, singen und kopfüber ins Wasser springen.
Ja, ich, Carina, kann diese Sachen machen!

Wenn du dir ein Lied über dich ausdenkst, sei bloß nicht zu bescheiden! Es ist komisch, aber in der Musik kannst du richtig prahlen und es ist vollkommen in Ordnung. Also, zieh ruhig alle Register und singe ein Lied davon, wie toll du wirklich bist. Die Wahrscheinlichkeit ist groß, dass dabei etwas Lustiges und Bezauberndes herauskommt. Und stell dir vor: wenn du irgendwann mal niedergeschlagen bist, dann hast du genau das richtige Lied, um dich aufzumuntern.

© Verlag an der Ruhr · Postfach 10 22 51 · 45422 Mülheim an der Ruhr · www.verlagruhr.de

Playback

Es ist bombastisch! Es ist fantastisch! Es ist phänomenal! Du bist ein herausragender Künstler, ein riesiges Talent, eine Berühmtheit! Playback weckt den Superstar in jedem, auch in dir!

Beim Playback lässt du eine CD, eine Schallplatte oder ein Band von einem großen Sänger oder einer Sängerin spielen. Dann bewegst du die Lippen so, dass es zum Gesang passt, damit es so aussieht, als wärst du derjenige, der singt.

Das ist nicht so einfach, wie es sich anhört, aber weißt du was? Es macht sogar noch mehr Spaß!

Suche dir einen Künstler zum Nachmachen

Wenn du dir ein Lied aussuchst, das du „singen" möchtest, nimm eines, das echtes Stimmtalent und Gefühl zeigt. Elvis Presley, Barbara Streisand, Celine Dion, Whitney Houston oder Mick Jagger – welche Künstler du wählst, ist deine Sache. Tu dich mit einem Familienmitglied oder mit einem Freund zusammen, wenn du eine ganze Musikgruppe zum Playback-Singen wählst.

Falls du ein Lied mit Instrumentalsolos aussuchst, kannst du sie ebenfalls mit Pantomime begleiten, wie bei der Luftgitarre. Und wenn du es richtig toll machen willst, kannst du dir aus Pappe die Umrisse von Musikinstrumenten ausschneiden und sie beim Playback halten. Außerdem ist es völlig in Ordnung, wenn du dir als Mädchen Elvis zum Playback ausgesucht hast. Beim Playback ist alles möglich.

Richtige Könner machen beim Playback nicht nur die Lippenbewegung nach, sondern bewegen sich auch so, wie es zum Lied passt. Sie bewegen ihren Körper, recken die Arme, ballen die Fäuste – sie machen alles, um den dramatischen Effekt ihrer Vorstellung zu unterstreichen. Denk daran, dass du dich beim Playback in den Künstler verwandelst, den du darstellst – jedenfalls für einen kurzen Moment voller Spaß und Dramatik!

Ein Mikrophon basteln

Eine kleine Taschenlampe gibt bei einem Auftritt vor Publikum ein gutes Mikrophon für einen Playback-Sänger ab. Ein Hundespielzeug in Form einer Eiswaffel ist ebenfalls gut geeignet, aber die Pappröhre im Innern einer Küchenpapierrolle tut's auch. Laugenstangen und Baguettebrötchen sind sehr gute Mikrophone, weil du sie nach der Vorstellung aufessen kannst. Das bringt deine Zuschauer bestimmt zum Lachen. Wenn du von all diesen Sachen nichts zur Hand hast, machst du dir aus Bastelpapier selbst ein Mikrophon. Du rollst das Bastelpapier einfach der Länge nach zu einer Röhre, faltest sie auf die Hälfte und heftest die Innenseiten am unteren Rand zusammen.

Das obere Drittel bemalst du mit einem Gittermuster, damit dein Mikrophon den echten Studio-Look bekommt.

Ein hübsches zusätzliches Detail ist ein Draht, den du am unteren Rand festklammerst. Falls du ein altes Aufnahmekabel herumliegen hast - gut, aber ein langes Stück Schnur reicht auch. Du hast bestimmt schon Sänger im Fernsehen gesehen und weißt, wie sie sich mit dem Mikrophon in der Hand bewegen und von Zeit zu Zeit die Schnur mit Schwung aus dem Weg schleudern. Wenn das Lied seinen gefühlsmäßigen Höhepunkt erreicht, kannst du an der Schnur zerren oder du kannst ab und zu so tun, als würdest du darüber stolpern und damit bestimmt einen Lacherfolg erzielen.

Wissen, was du singst

Beim Playback hilft es, wenn du das Lied kennst, das du dir ausgesucht hast. Dann kannst du eine richtige Show abziehen – je dramatischer, desto besser. Lass dein Gesicht die Geschichte des Liedes erzählen. Wenn es ein trauriges Lied ist (prima für Playback), trau dich ruhig, die Augen zuzukneifen, als hättest du furchtbare Kopfschmerzen. Beiß dir zwischendurch auf die Lippen (oder in die Laugenstange) und schau dabei sehnsüchtig über die Köpfe deines Publikums hinweg in die Ferne. Wenn du lächelst, lass es ein Lächeln sein, das den Nordpol zum Schmelzen bringen würde. Versuche, die Worte des Liedes sorgfältig nachzuformen und vergiss nicht, bei den lauten Tönen den Mund richtig weit zu öffnen. Playback ist so witzig, dass du es auch ganz allein machen kannst, nur so zum Spaß. Wenn du uns nicht glaubst, probier es mal vor dem Spiegel aus. Du wirst schon sehen!

Bastelpapier

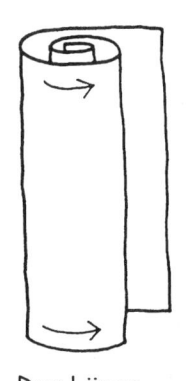

Der Länge nach aufrollen

Auf die Hälfte falten und untere Ränder innen heften

Am unteren Rand Schnur als Kabel festheften

Gittermuster aufmalen

© Verlag an der Ruhr · Postfach 10 22 51 · 45422 Mülheim an der Ruhr · www.verlagruhr.de

 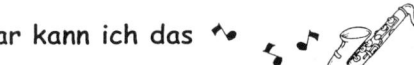

Musik für unterwegs

Ein stilles Autokonzert

Wenn du jemals eine lange Autofahrt mitgemacht hast, weißt du, dass mit Musik die Zeit wie im Fluge vergeht. Auf einem tragbaren Kassetten- oder CD-Gerät oder aus dem Radio Musik zu hören, macht jede Reise viel angenehmer.

Aber wusstest du auch, dass du auf dem Rücksitz eines Autos Musik machen kannst, ohne den Fahrer zur Verzweiflung zu treiben? Wir meinen das stille Autokonzert.

Du brauchst nichts weiter als Gummibänder, Schnur und einen Pappbecher. Für eine stille Violine machst du einen Knoten in die Schnur und fädelst sie von innen durch den Boden eines Pappbechers. Wenn du daran zupfst, erklingen leise Töne – hohe oder tiefe, je nachdem wie kurz und straff du die Schnur hältst.

Der Fahrer mag die Klänge deiner selbst gebauten Violine zwar nicht zu würdigen wissen, aber wenn du das Ohr an den Pappbecher legst, wirst du sie hören. Toll! Aus der Nähe ist dein stilles Konzert alles andere als still!

Stepptanzende Finger

Vielleicht hast du ein Paar alte Fingerhandschuhe übrig, mit denen du deinen Fingern das Stepptanzen beibringst. Auch das ist ein Instrument, das du mit auf Reisen nehmen kannst. Es hat genau die richtige Lautstärke für Autofahrten, wenn du auf einem Buch mit festem Einband spielst. Für den Fingerspitzenstepp nähst du einfach Knöpfe an die Handschuhfinger und schon ist aus jedem deiner Finger eine kleine Trommel geworden!

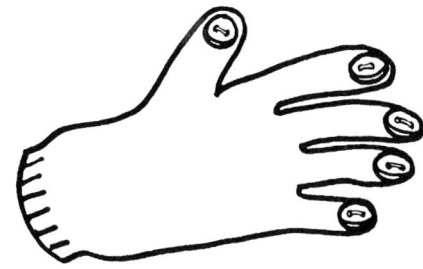

Auf der Handflächenseite flache Knöpfe an die Fingerspitzen der Handschuhe nähen

Ein Reisetamburin

Nimm ein paar Münzen in die Hand und schüttle sie. Da hast du dir ein Tamburin gebaut, auf das du wirklich zählen kannst!

Ein Konzertbesuch

Falls du noch nie ein Konzert besucht hast, steht dir ein ganz besonderes Vergnügen bevor! Bei einem Konzert hast du die Möglichkeit, Musiker die Musik spielen zu hören, die sie am besten kennen. Für Rock 'n' Roll-Fans gibt es Rock-Konzerte, Folk-Konzerte für Leute, die volkstümliche Musik lieben und Konzerte mit klassischer Musik für Leute, die klassische Musik hören möchten. Konzertbesucher ziehen sich sogar unterschiedlich an, je nachdem, welche Art von Musik sie sich anhören wollen. Rockmusik-Fans tragen normalerweise lässige Sachen, während die Fans klassischer Musik sich meistens fein machen.

Im Kulturkalender deiner Tageszeitung kannst du sehen, welche Konzerte in der nächsten Zeit in deiner Gegend geplant sind. Dein Musiklehrer in der Schule kennt sich wahrscheinlich in der Musikszene der Umgebung ganz gut aus und hilft dir bestimmt gerne ein Konzert zu finden, zu dem du gehen kannst. Konzerte, für die man keinen Eintritt bezahlen muss, werden oft in der

Zeitung angekündigt, am Schwarzen Brett in der Bibliothek oder auch in den Schaufenstern der Geschäfte. Viele freie Konzerte finden im Sommer in Parks statt und auch in den Ferien, wenn Schulchöre und -orchester gerne auftreten. Frage einen Erwachsenen, ob er dich zu einer solchen Aufführung begleitet. Falls man sich bei dem Konzert hinsetzen kann, wo man will, solltest du auf jeden Fall früh genug hingehen, um einen guten Platz zu bekommen, denn bei der Platzverteilung gilt: Wer zuerst kommt, mahlt zuerst. Während der Aufführung lehn dich einfach zurück, lass deiner Fantasie freien Lauf und genieße die Musik.

Die einzige Regel lautet: Bitte nicht sprechen! Bei einem Konzert sind es die Musiker, die die Geräusche von sich geben!

Bei Folk- und Rock-Konzerten kannst du zeigen, dass dir die Musik gefällt, und mitklatschen. Aber bei einem klassischen Konzert hebst du dir deinen Applaus bis zum Schluss auf, selbst wenn die Musiker zwischendurch eine Pause beim Spielen machen. (Die Pausen bei klassischen Konzerten entstehen meist zwischen Sätzen oder Abschnitten einer Sinfonie. Applaus während dieser

Pausen könnte die Stimmung der Musik zerstören.) Aber am Ende eines klassischen Konzerts kannst du so laut klatschen, wie du magst. Du kannst sogar aufstehen und „Bravo!" rufen, wenn du meinst, dass die Musik absolut wunderbar war. Natürlich ist es hilfreich, vor einem Konzert in einer Konzerthalle oder auch zu Hause am Radio oder im Fernsehen etwas darüber zu erfahren, wie diese zauberhaften Klänge zustande kommen.

Berühmte Instrumentenfamilien

Instrumente haben ein wenig Ähnlichkeit mit Menschen – nicht nur, weil sie Krach machen. Sie leben auch in Familien, so wie wir. Hier ist ein Bilderalbum einiger berühmter Instrumentenfamilien. Halte bei Konzerten Ausschau nach ihnen und versuche, sie bei Musikaufnahmen herauszuhören.

Darf ich bekannt machen: Die Streicher

Zunächst die *Violine* – sie heißt auch Geige. Sie ist die Kleinste der Streicher-Familie, aber eine der Talentiertesten. Sie kann süße Klänge hervorbringen, die in der Luft zu schweben scheinen. Aber sie kann auch Country-Musik spielen und sogar Jazz.
Viola ist Violines große Schwester. Sie klingt tiefer als Violine und ist ebenfalls wahnsinnig talentiert. Sie spielt allerdings nicht oft Country-Musik. Sie mag lieber klassische Musik, wie ihre Mutter, Frau Cello.

Frau *Cello* ist die Mutter von Violine und Viola. Sie ist so groß, dass sie auf dem Boden steht, wenn sie gespielt wird. Ihr Ton ist tief, aber weich und voll. Wenn sie spielt, klingt es beruhigend und warm.

Herr *Kontrabass* ist der Größte der Streicher-Familie. Sein tiefes Brummen macht ihn zu einem sehr guten Taktgeber für jede Instrumentengruppe. Und wandlungsfähig ist er! Er fühlt sich mit Jazz genauso wohl wie mit Country-Musik oder in einem klassischen Orchester.

Die Streicher haben eine Kusine vom Lande, die *Gitarre* heißt. Sie ist ganz toll bei volkstümlicher Musik, genauso wie ihr Bruder *Banjo*, der nur Folk-Musik spielt. Aber Gitarre ist auch eine begabte klassische Musikerin.
Und natürlich dürfen wir Madame *Harfe* nicht vergessen, eine der Schönsten in der Familie der Saiteninstrumente. Sie klingt so himmlisch, dass sich die Leute vorstellen, sie würde von Engeln gespielt. Sie tritt nicht sehr oft auf, aber wenn sie es tut, ist sie immer ein Star!

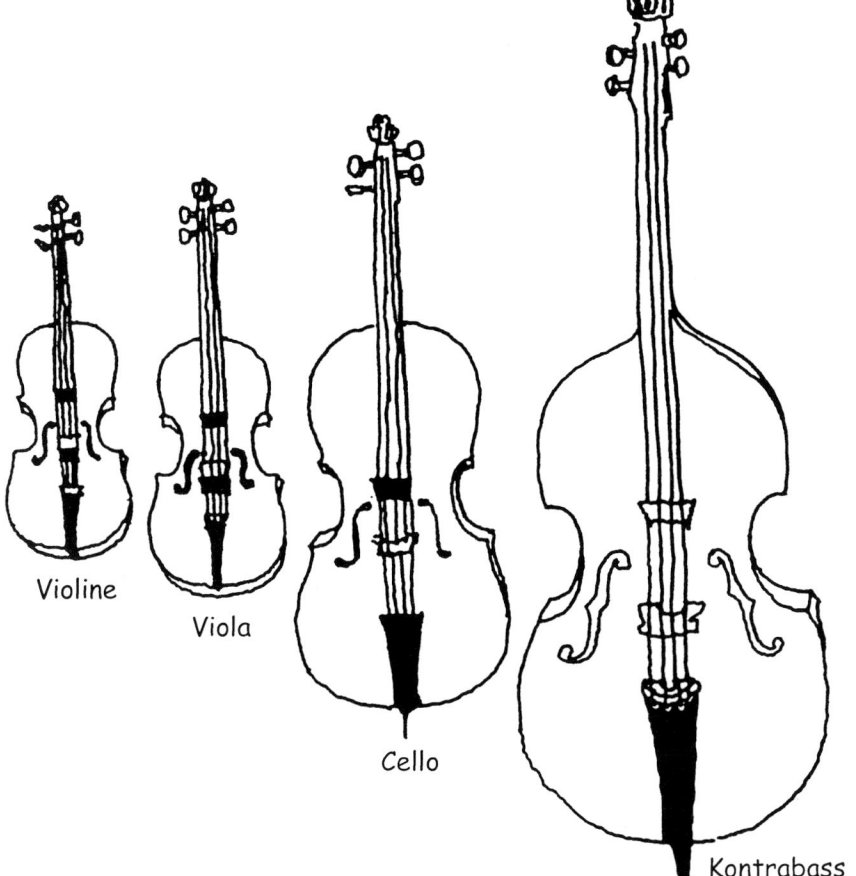

Violine

Viola

Cello

Kontrabass

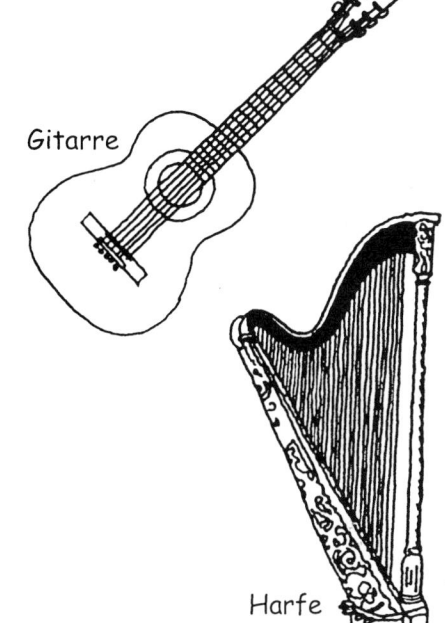

Gitarre

Harfe

Sag den Holzbläsern „Guten Tag"

Frau *Querflöte* weiß, dass ihre Vorfahren aus Holz hergestellt wurden und dass sie ihren Namen aus dieser Zeit hat. Sie selbst wird seit ungefähr hundert Jahren aus Silber, Nickel oder Gold gemacht. Frau Querflöte macht Musik wie ein Vogel – sie trällert in den schönsten Tönen. Sie ist bei Orchestern und Bands sehr beliebt.

Frau Querflöte hat ein Baby. Das ist der kleine *Pikkolo*. Er macht dieselben Trällertöne wie seine Mutter, aber seine sind viel höher. Mit dem größtem Vergnügen spielt er mit Harmonien im Orchester und auch in Marschkapellen fühlt er sich wohl, aber für Jazzgruppen ist er zu schüchtern.

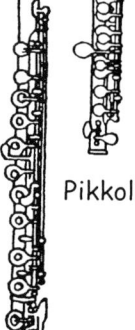

Pikkolo

Querflöte

Auch *Herr Saxophon* ist ein Holzbläser, der aus Messing gemacht ist. (Soviel also zu dem Wort „Holz" im Familiennamen der Holzbläser.) Sax, wie seine Freunde ihn nennen, spielt alle möglichen Arten von Musik, von Marschkapellen bis zu klassischen Konzerten. Seine wahre Liebe aber gilt dem Jazz. Mit seinem weichen, schwülen Klang fühlt er sich Jazzclubs zu Hause, denn da kann er sich richtig ausleben.

Saxophon

Kusine *Klarinette* fühlt sich beim Marschieren ebenso wohl wie in einer Jazzband und sie spielt auch gerne in einem klassischen Orchester. Sie kann seine Musik frei herauslassen und auch Improvisieren gehört zu ihren Spezialitäten.

Klarinette

Tante *Oboe* und Onkel *Fagott* wirst du in keiner Marschkapelle, Jazzgruppe oder Countryband finden. Diese beiden Holzbläser sind für solche Sachen viel zu ernst. Sie lassen ihre typischen Klänge nur in Orchestern hören.

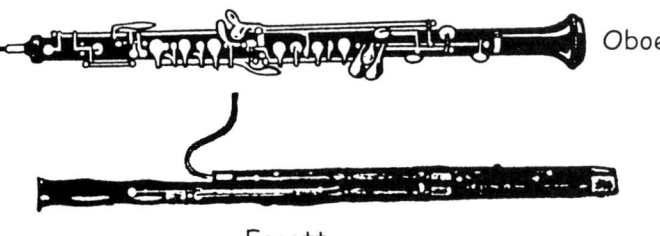

Oboe

Fagott

© Verlag an der Ruhr • Postfach 10 22 51 • 45422 Mülheim an der Ruhr • www.verlagruhr.de

Ohren festhalten! Jetzt kommen die Blechbläser!

An diesen beiden ist nichts Schüchternes oder Feinsinniges! *Trompete* und *Kornett* lassen ihre Musik mit Vorliebe laut und klar hervorschmettern. Ihre hellen, strahlenden Klänge sind überall willkommen. Wenn du genau hinhörst, findest du sie in Orchestern, Jazzbands und sogar auf dem Fußballplatz. Sie spielen besonders gern eine Rolle in spanischer Musik. Wenn du einen spanischen Radiosender einstellst, wirst du bald wissen, was wir meinen.

Herr *Waldhorn* fühlt sich, ähnlich wie Oboe und Fagott, im klassischen Orchester am wohlsten. Bisweilen besinnt er sich auf seine Vorfahren, die zur Jagd ritten und die Jäger über Berg und Tal riefen. Aber das ist längst Geschichte; heutzutage ist er mit seinem vollen, weichen Klang bei der feinsten Musik dabei.

Bei Paule *Posaune* ist Vorsicht angesagt! Sein langer Ellbogen gleitet vor und zurück. Man nennt ihn auch den Posaunenzug. Dieser Bursche kann einem ganz schön in die Quere kommen. Aber dieser Klang! Lange, tiefe, gleitende Töne! Er gehört zu jedem Umzug mit Musik und zu jeder Marschkapelle, aber auch in Orchestern kann er sich hören lassen.

Man sollte ja annehmen, dass sich ein Instrument von der Größe eines Herrn *Tuba* zum Musikmachen gerne in einem Orchester niederlässt. Aber weit gefehlt! Dieser Koloss lässt keine Parade aus! Er ist das größte Musikinstrument und macht den tiefsten Ton von allen.

Trompete

Waldhorn

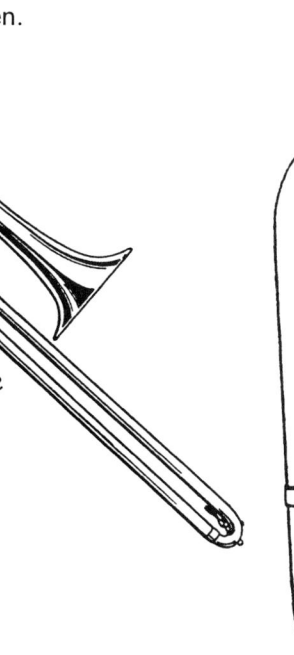

Posaune

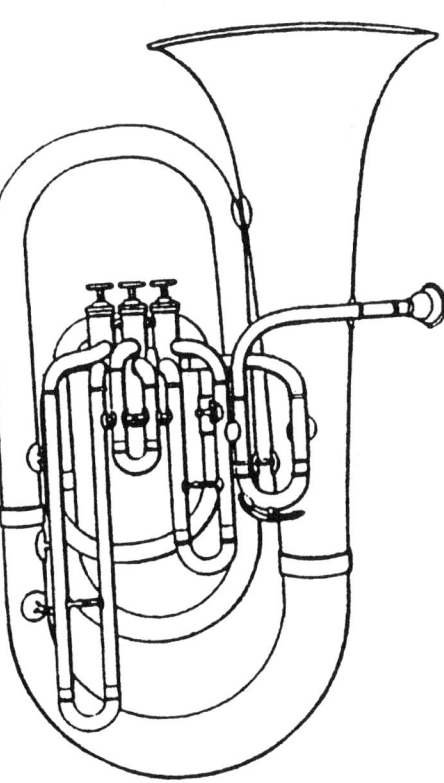

Tuba

Das Klavier – ein Tasteninstrument

Frau *Klavier* gehört zur Familie der Tasteninstrumente. Sie ist besonders wandelbar und anpassungsfähig und spielt überall und immer. Jazz, Countrymusik, Pop, Rock, Showeinlagen, klassische Stücke – Frau Klavier kann alles! Warum sie so ein besonderes Instrument ist? Vielleicht liegt es daran, dass sie Melodie und Rhythmus gleichzeitig spielen kann. Das Einzige, was der Mensch noch hinzufügen muss, ist das Gefühl.

Die Rhythmusinstrumente

Die *Timpani* haben noch einen anderen Namen: sie heißen auch Kesselpauken. Diese großen Babys lassen sich gerne schlagen, hauen und wirbeln. Im Orchester sitzen sie im Hintergrund und warten auf ihren Einsatz. Wenn dann der große Moment kommt, wecken sie das Publikum mit ihrem lauten Dröhnen auf!

Die *Zimbeln*-Zwillinge lassen einander kaum aus den Augen – wir nehmen an, dass sie sich allein einfach einsam fühlen würden –, denn Zimbeln treten immer paarweise auf. Ihre Spezialität ist es, ganz dramatisch zusammenzuscheppern, wenn die Musik ihren Höhepunkt erreicht hat. Sie spielen auch gern in Marschkapellen.

Peter und der Wolf

Wenn du einige dieser Instrumente hören möchtest, leih dir *Peter und der Wolf* von Sergej Prokofjew in der Bibliothek aus. In dieser Geschichte über einen Jungen, der einen Vogel rettet, stellen verschiedene Instrumente die handelnden Personen dar. Ein Erzähler führt durch die Geschichte.

Für Peter gibt es ein Streichquartett, vier Saiteninstrumente, die zusammen spielen. Der Vogel wird von einer Querflöte gespielt, die Ente von einer Oboe, die Katze von einer Bassklarinette (das ist eine Klarinette, die tiefere Töne spielt als eine gewöhnliche Klarinette). Peters Großvater wird von einem Fagott dargestellt, der Wolf von drei Hörnern und die Jäger von Kesselpauken und Basstrommeln.

Jedes Mal, wenn du eines dieser Instrumente hörst, ist es, als würde eine Figur in einem Theaterstück die Bühne betreten.

Auf Instrumente horchen

Sobald du weißt, wie die verschiedenen Instrumente klingen, macht es Spaß, sie ausfindig zu machen, wenn du Musik hörst.

Schalte das Radio oder einen CD- oder Kassettenrekorder ein und horche. Wie viele Instrumente kannst du identifizieren? Je genauer du hinhörst, desto besser kannst du erkennen, welches Instrument wann spielt. Fang einfach damit an, dass du dir ein Instrument aussuchst, auf das du dich konzentrierst, wie die Geige. Im nächsten Schritt hörst du auf Geige und Trommeln, dann auf Violine, Trommeln und Querflöte und so weiter. Bald wirst du alle Instrumente als eigenständige Musiker kennen.

© Verlag an der Ruhr · Postfach 10 22 51 · 45422 Mülheim an der Ruhr · www.verlagruhr.de

Ein musikalisches Mobile basteln

Wenn du einen Stapel alter Zeitschriften durchblätterst, findest du sicher Abbildungen von allen möglichen Musikinstrumenten, die du ausschneiden kannst. Wenn nicht, malst du dir die Instrumente auf Pappe und bemalst sie mit kräftigen, leuchtenden Farben. Dann bohrst du Löcher in die oberen Ränder, fädelst eine Schnur oder einen Faden durch die Löcher und hängst die Instrumente an einen Kleiderbügel aus Draht. Simsalabim! Ein Orchester!

Old MacDonald hat ein Orchester

Dieser alte MacDonald hatte ja alle Hände voll zu tun! Er hatte nicht nur eine Farm mit muhenden Kühen, quiekenden Schweinen und quakenden Enten. Er hatte auch ein Orchester mit allen möglichen Instrumenten. Fallen dir noch mehr ein als uns? Tu so, als würdest du die Instrumente spielen, während du über sie singst.

♪ *Old MacDonald hat 'n Orchester,*
hi-ai, hi-ai-oh,
und in dem Orchester hat er 'ne Geige, hi-ai, hi-ai-oh,
mit 'nem Fiddel-Diddel hier und 'nem Fiddel-Diddel da,
hier 'n Fiddel,
da 'n Diddel
überall 'n Fiddel-Diddel.
Old MacDonald hat 'n Orchester,
hi-ai, hi-ai-oh. ♪

Trompete: *Braaam Braaam*
Tuba: (ganz tief) *Uuuuuh Uuuuuh*
Klavier: *Plink Plink*
Gitarre: *Schrumm Schrumm*
Trommel: *Buuhm Buuhm*
Zimbel: *Zäng Zäng*
Pikkolo-Flöte: *Tirrili Tirrili*

Straßenmusik

Die Reime und Lieder, die Kinder auf der Straße aufsagen und singen, eignen sich vor allem zum Abzählen, zum Seilchenspringen und zum Balltippen. Und das Beste daran ist, dass sie von den Kindern selbst gemacht worden sind. Diese rhythmischen Verse haben die Kinder seit langer Zeit untereinander weitergegeben und deshalb machen sie solchen Spaß.

Denk dir zu diesen Versen irgendeine Melodie aus, die dir gefällt. Immerhin bist du als Kind ja der Experte hier. Dann nimm dir einen Ball oder ein Springseilchen und such dir einen Rhythmus aus, zu dem du hüpfen oder den Ball tippen kannst. Je schneller, desto schwieriger!

♪ *Meine Mi, meine Ma, meine Mutter schickt mich her,*
ob der Ki, ob der Ka, ob der Kuchen fertig wär.
Wenn er ni, wenn er na, wenn er noch nicht fertig wär,
käm ich mi, käm ich ma, käm ich morgen wieder her. ♪

♪ *Meister Koch, Koch, Koch,*
fiel ins Loch, Loch, Loch,
aber tief, tief, tief,
und er rief, rief, rief:
„Liebe Frau, Frau, Frau,
das tut weh, au, au!
Zieh mich raus, raus, raus,
aus dem Haus, Haus, Haus!" ♪

Zum Abzählen versucht es mal mit diesem Vers:

♪ *Eins, zwei, drei, vier, fünf, sechs, sieben,*
eine alte Frau kocht Rüben,
eine alte Frau kocht Speck,
und du bist weg! ♪

Und so könnt ihr den Vers noch länger machen:

♪ *Weg bist du noch lange nicht,*
sag mir erst, wie alt du bist. ♪

Je nachdem, wie alt das Kind ist, zählt ihr weiter: „Eins, zwei drei, vier ... ."

Zum Seilchenspringen ist dieser Reim gut geeignet:

♪ *Henriette,*
goldne Kette,
goldner Schuh,
wie alt bist du? ♪

Auch hier wird die Antwort gesprungen: ein Hüpfer für jedes Lebensjahr.

© Verlag an der Ruhr · Postfach 10 22 51 · 45422 Mülheim an der Ruhr · www.verlagruhr.de

Dieser Kinderreim lässt sich schön rhythmisch sprechen. Noch mehr Spaß macht es, wenn du mit den Handbewegungen, die unten gezeigt werden, den Rhythmus hältst. Je schneller, desto schwieriger!

♪ Eins, zwei, drei,
alt ist nicht neu,
neu ist nicht alt,
warm ist nicht kalt,
kalt ist nicht warm,
reich ist nicht arm,
arm ist nicht reich,
hart ist nicht weich,
weich ist nicht hart,
frisch ist nicht faul,
Ochs ist kein Gaul,
sauer ist nicht süß,
Händ' sind keine Füß',
Füß' sind keine Händ',
das Lied hat ein End'. ♪

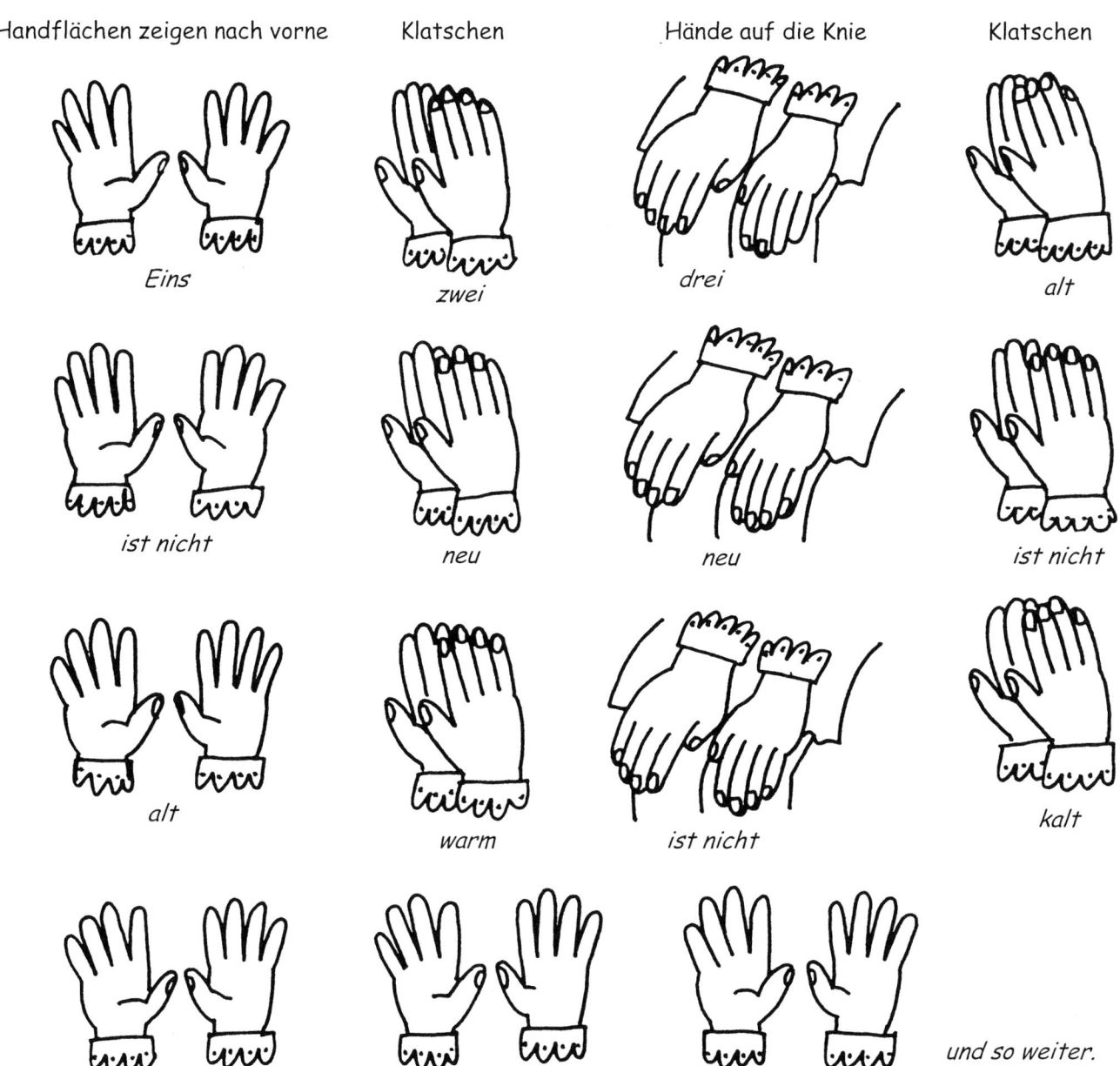

Handflächen zeigen nach vorne — Klatschen — Hände auf die Knie — Klatschen

Eins — zwei — drei — alt

ist nicht — neu — neu — ist nicht

alt — warm — ist nicht — kalt

Kalt — ist nicht — warm ... — und so weiter.

Mit Herz und Ohren

Ein Ritt auf einem fliegenden Teppich

Gute Musik zu hören ist wie auf einen fliegenden Teppich zu steigen. Er kann dich wegtragen, weit weg von der normalen Welt um dich herum. Er kann dich hochheben und dich in eine neue, fantastische und erstaunliche Welt bringen. Je mehr du hinhörst, desto mehr wird sich diese Welt dir öffnen.

Musik für alle Stimmungen

Egal, wie du dich fühlst oder was du gerade machst: es gibt Musik, die zu deiner Stimmung und zu deiner Tätigkeit passt. Die Rockmusik, die du hörst, wenn du dein Zimmer aufräumst, ist anders als die leise klassische Musik, die du im Hintergrund hören möchtest, während du deine Hausaufgaben machst. Der Rap, zu dem du tanzt, ist anders als die Jazzmusik, zu der du deine Tagträume träumst.

Mut zu Neuem

Hast du oder hat deine Familie Schallplatten, CDs oder Kassetten mit Musik? Dann hör dir mal ein Musikstück an, das du dir noch nie angehört hast.
Lass die Musik in deinen Körper fließen. Höre mit deinem ganzen Wesen. Lass die Musik in deinem Kopf hallen, lass sie in die Fingerspitzen und in die Zehen strömen. Stell dir vor, dass du derjenige bist, der die Musik spielt. Leg dich hin, höre im Sitzen oder im Stehen, tanze herum – ganz egal. Lass es zu, dass die Musik dich bewegt.

Geschmackssache

Magst du Oliven? Oder eingelegte Gurken? Oder trinkst du Tee ohne Zucker? Manchmal ist es so, dass sehr jungen Leuten solche Sachen nicht schmecken. Aber dann vergeht die Zeit und nach einer Weile probiert man diese Sachen noch einmal und – hmmmm! Das schmeckt! Der Geschmack kann sich verändern und es lohnt sich, immer mal wieder etwas zu probieren, auch wenn man meint, dass man es nicht mag.
Mit Musik geht es ähnlich. Es kann sein, dass dir klassische Musik oder Jazzmusik nicht besonders gefallen, wenn du sie zum ersten Mal hörst. Lass dir Zeit. Es gibt Musik, an die man sich erst gewöhnen muss. Probiere verschiedene Klänge von Zeit zu Zeit mal aus. Du wirst überrascht sein, was du dabei entdeckst – in der Musik und (was noch wichtiger ist) über dich selbst.

© Verlag an der Ruhr · Postfach 10 22 51 · 45422 Mülheim an der Ruhr · www.verlagruhr.de

Auf Entdeckungsreise

Höre dir mal Stücke aus der Welt der klassischen Musik an, zum Beispiel von Bach, Haydn, Mozart, Beethoven, Tschaikowsky, Strawinsky, Schubert, Satie, Debussy oder Dvorák. Jeder hat unterschiedliche Mittel, um die Gefühle auszudrücken, die alle Menschen bewegen. Welcher Komponist gefällt dir am besten? Bachs *Air* aus seiner Orchestersuite Nr. 3 ist ein guter Einstieg. Wenn du die Augen schließt und lauschst,

stell dir vor, dass du durch die Luft schwebst und auf einer leichten Brise segelst oder dass du unter Wasser durch ein Korallenriff tauchst. Die Vorstellungskraft ist ein Schlüssel, der dir viele Türen zur Musik öffnet. Oder versuch es mal mit Mozarts *Vierzigster Sinfonie* oder mit Beethovens *Fünfter Sinfonie*. Während die Musik in dich hinein und durch dich hindurch fließt, erscheinen vor deinem inneren Auge vielleicht Farben, Muster und Formen. Stell dir die Frage: Welche Gefühle hat der Komponist auszudrücken versucht, als er dieses Stück schrieb?

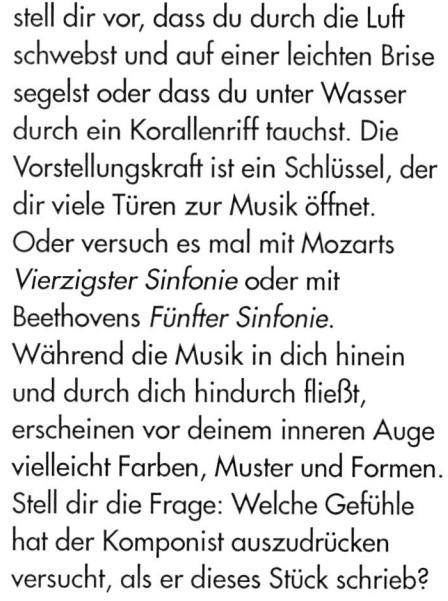

Ein Pfefferkuchenhaus mit Musik

Hier ist eine leckere Methode, die Musik schätzen zu lernen. Besorg dir eine Aufnahme von der Oper *Hänsel und Gretel* von dem klassischen Komponisten Engelbert Humperdinck. (Wahrscheinlich kannst du sie in deiner Bücherei bekommen.) Während du zuhörst, baust – und isst – du ein

Pfefferkuchenhaus! Für die Wände nimmst du Zwieback, die du mit einer Mischung aus Frischkäse und Milch als Mörtel zusammenhältst. Das Dach deckst du mit dünnen Keksen oder runden Waffeln und die Fenster kannst du aus Esspapier zuschneiden. Eine Einfassung aus Fruchtgummis macht das Ganze noch bunter – und schmackhafter!

© Verlag an der Ruhr • Postfach 10 22 51 • 45422 Mülheim an der Ruhr • www.verlagruhr.de

Ein Lied malen

Musik kann den Anstoß zu großer Kunst geben! Du kannst es selbst ausprobieren und ein Bild zur Musik malen oder zeichnen. Zunächst sammelst du deine Malutensilien zusammen und machst dich bereit, kreativ zu werden. Dann suchst du dir Musik aus, zu der du malen oder zeichnen möchtest. Nimm ganz unterschiedliche Musik – mal langsame, mal schnelle, mal klassische, mal Rock 'n' Roll. Auf jedes Blatt Papier schreibst du, welche Musik du hören wirst, während du darauf malst.

Nun legst du die erste Musik auf und hörst zu. Warte, bis du ein Gefühl für die Musik hast und dann lässt du deine Hand und deine Fantasie durch die Musik leiten. Inspiriert sie dich, bestimmte Farben zu benutzen? Welche Muster und Formen passen am besten dazu? Denk daran, dass du keine bestimmte Sache malen musst – gib deiner Hand einfach die Freiheit, auf die Musik zu reagieren. Wenn du mindestens drei verschiedene Bilder gemalt hast, sieh dir deine Werke genau an. Sehen sie so aus wie die Musik, die sie angeregt hat? Zeige sie auch anderen Leuten. Können sie raten, zu welcher Art von Musik sie gehören?

Bilder einer Ausstellung

Mussorgskijs *Bilder einer Ausstellung* ist eine musikalische Geschichte, die den Zuhörer durch eine Ausstellung mit faszinierenden Bildern führt. Die Musik war tatsächlich eine Huldigung des Komponisten an seinen Freund, Viktor Hartmann, und seine Gemälde.
Die Musik beginnt mit einem Bummel durch ein Kunstmuseum. Das erste Bild zeigt einen Zwerg, dann kommt ein Gemälde mit einer italienischen Landschaft und dann eines mit Kindern, die in der klaren Morgenluft spielen (und streiten). Als Nächstes kommt man zu einem Bild, das einen Ochsenkarren zeigt, dann sieht man frischgeschlüpfte Küken und dann einen armen und einen reichen Mann, die sich miteinander unterhalten. Dann kommt eine Szene auf einem belebten Marktplatz.
Suche diese Musik in deiner Bücherei und während du sie hörst, malst du. Du kannst dir dein eigenes Kunstmuseum schaffen – mit Musikbegleitung!

© Verlag an der Ruhr · Postfach 10 22 51 · 45422 Mülheim an der Ruhr · www.verlagruhr.de

Musik für jeden Geschmack

Musik hat eine weit zurückreichende Geschichte und die Musikstile haben sich mit der Zeit ebenso verändert wie die Bekleidungsstile. Im Laufe der Jahrhunderte haben die Menschen unterschiedliche Mittel gefunden, um die grundlegenden Gefühle auszudrücken, die uns alle bewegen.

Also, was ist dein Musikstil? Lies weiter und wir sind davon überzeugt, dass du an den verschiedenen Musikrichtungen viel findest, das dir gefällt. Was noch wichtiger ist: hör dir viele verschiedene Arten von Musik an. Je besser du sie kennst, umso lieber magst du sie vielleicht – oder auch nicht! Aber wenigstens hast du ihnen eine Chance gegeben. Und wer weiß? Irgendwann änderst du womöglich deine Meinung.

Klassische Musik und Musik der Klassik

Klassische Musik ist Musik, die lange Zeit überdauert hat. Oft wird diese Musik auch als „ernste Musik" bezeichnet. Damit sind Werke gemeint, die in einer Konzerthalle aufgeführt werden oder an einem anderen Ort, den Leute aufsuchen, um dort Musik zu hören. Wenn du das Wort „Klassik" hörst, dann ist damit die Musik der „Wiener Klassik" gemeint, die in der Zeit von 1770 bis 1827 hauptsächlich in Wien von Komponisten wie Beethoven, Haydn und Schubert geschrieben wurde.

Klassische Komponisten und ihre Musik

Mozart, Haydn, Schubert, Beethoven, Vivaldi und Bach sind einige der berühmtesten Komponisten klassischer Musik. Ihre Werke sind erstaunlich! Sie schrieben für Orchester oder Gruppen mit vielen verschiedenen Instrumenten. Sie schrieben kurze Stücke, die man Sonaten nennt und große Musikwerke, die man Sinfonien nennt. Sie schrieben auch Konzerte. Das sind Stücke für ein Orchester und einen Solisten. Der Hintergedanke dabei ist es, das Talent eines speziellen Musikers vorzuführen (siehe „Das Zahnbürsten-Konzert", Seite 16). Die klassische Musik und auch die Musik der Klassik begleiten uns noch heute. Du kannst sie überall hören, auf der ganzen Welt, von Restaurants über Konzertsäle bis zu Aufzügen!

Ernste Musik – nicht ganz so ernst

Obwohl klassische Musik oft auch als ernste Musik bezeichnet wird, bedeutet das nicht, dass die klassischen Musiker nicht auch mal einen Witz gemacht hätten. Einige ihrer Sinfonien sind richtig lustig. In deiner Bücherei findest du sicherlich eine Aufnahme der Kindersinfonie von Leopold Mozart, dem Vater des berühmteren Wolfgang Amadeus Mozart. Er schrieb dieses Stück, um die Leute zum Lachen zu bringen.

Das ist ein Cembalo.

© Verlag an der Ruhr · Postfach 10 22 51 · 45422 Mülheim an der Ruhr · www.verlagruhr.de

Komponist der Woche

Hier ist eine tolle Methode, um klassische Komponisten kennen zu lernen. Du schreibst ihre Namen auf einzelne Stückchen Papier und wirfst sie in einen Hut. Dann ziehst du jede Woche einen aus dem Hut und feierst ihn als „Komponisten der Woche". Besorge dir Musik von ihm aus der Bücherei oder nimm sie zu Hause vom Regal und lerne sie kennen. Lass eine Kassette, eine CD oder eine Schallplatte spielen, während du deine Hausaufgaben machst oder zu Hause herumlümmelst. Vielleicht leihst du dir in der Bücherei ein Buch aus, in dem das Leben des Komponisten beschrieben wird oder siehst nach, was im Lexikon über ihn steht. Es ist faszinierend zu sehen, welchen Einfluss das Leben des Komponisten auf die Musik hatte, die er schuf.

Du könntest auch für eine Gruppe von Komponisten eine Zeitleiste anfertigen, auf der du wichtige Geschehnisse einträgst, die sich während ihrer Lebenszeit ereigneten. Du kannst sie mit Bildern ergänzen, die du aus Zeitschriften ausschneidest oder selber malst. Dann bekommst du eine Vorstellung von ihrem Leben.

Denk dir auch etwas Unterhaltsames aus, was mit deinem Komponisten der Woche zu tun hat. Wie wär's mit einer Schubert-Spaghetti-Party mit verschiedenen Nudelsorten und Schubert zur musikalischen Untermalung?

Oder versuch es mal mit Bach rund um die Uhr. Dabei spielst du Bach, wenn du morgens aufstehst und wenn du abends ins Bett gehst. Oder mit einer Beethoven-Kissenschlacht: ba ba ba BUM!

Kommt dir das bekannt vor?

Lies diese Zeilen laut vor:
Bah Bah Bah BUM
Bah Bah Bah BUM
Glückwunsch! Du hast gerade die ersten Töne von Beethovens berühmter *Fünfter Sinfonie* wiedergegeben. Das ist scharfes Zeug – handfest, leidenschaftlich und zornig! Ohne Worte und mit nur acht Noten hat es Beethoven geschafft, etwas zu „sagen", das die Leute auch heute noch verstehen. Das ist die Stärke großer klassischer Musik.

Leg die *Fünfte* auf und „bah, bah, bah, bum" dich durch diese weltbekannte Sinfonie. Du wirst den Rest ebenso aufregend finden wie den Anfang.

© Verlag an der Ruhr · Postfach 10 22 51 · 45422 Mülheim an der Ruhr · www.verlagruhr.de

Erste Bekanntschaft mit klassischer Musik

Also, all dieses klassische Zeug hört sich ganz gut an, findest du? Nun, es gibt wirklich jede Menge klassische Musik und manchmal ist es gut zu wissen, wo man mit dem Hören anfangen soll - so wie du weißt, wo in der Bücherei deine Lieblingsbücher stehen.

Hier ist eine Liste von Werken, die dir bestimmt Spaß machen, wenn du klassische Musik erforschen willst. Wenn eines dabei ist, für das sich dein musikalisches Ich nicht erwärmen kann, dann geh einfach zum nächsten weiter, bis du eins findest, das genau richtig für dich ist.

Strawinsky, Der Feuervogel
Beethoven, Fünfte Sinfonie
Haydn, Sinfonie mit dem Paukenschlag
Tschaikowsky, Der Nußknacker
Bach, Die Brandenburgischen Konzerte
Berlioz, Symphonie fantastique
Satie – alle seine Werke

Einen Klassiker dirigieren

Suche dir eine Schallplatte, eine Kassette oder eine CD mit klassischer Musik und mach dich bereit, ein unsichtbares Orchester zu dirigieren.

Du solltest dafür sorgen, dass du genügend Raum hast – den brauchst du beim Dirigieren. Du brauchst auch einen Taktstock, jeder Dirigent hat einen. Ein Essstäbchen oder ein langer Bleistift reichen, aber ein ausgestreckter Zeigefinger tut's auch. Nun stellst du dir vor, dass du vor einem riesigen Orchester stehst. Aller Augen ruhen auf dir. Hinter dir wartet das Publikum erwartungsvoll.

Vor dir blicken dich die Musiker an und warten darauf, dass du sie durch die Musik führst, den Takt angibst und dafür sorgst, dass sie zusammenspielen. Es ist eine anspruchsvolle Aufgabe, aber du kannst sie erfüllen.

Du nickst dem Publikum zu, ein selbstbewusstes, würdevolles Nicken, und dann nickst du deinen Musikern zu. Du schüttelst deine Haare zurück – je wilder, desto besser –, hebst deinen Arm und LOS! Wenn die Musik beginnt, fängst du an, den Takt zu halten. Lass die Musik auf dich wirken. Hör zu und reagiere auf die Gefühle, die sie zu vermitteln versucht. Lass dich mitreißen! Werde wild!

Einen Taktstock basteln

Wenn du gerne einen silberfarbenen Taktstock hättest, umwickelst du ein Essstäbchen mit Aluminiumfolie. Für einen goldfarbenen Taktstock bemalst du ein Essstäbchen mit glänzender goldener Farbe, wie es sie in Bastelgeschäften gibt. Bevor die Musik beginnt, solltest du auf jeden Fall mit dem Taktstock auf den Notenständer oder auf den Tisch klopfen, um die Aufmerksamkeit deiner Musiker auf dich zu ziehen. Dann geht's los und im Takt und im Schwung der Musik schwenkst du deinen glänzenden Taktstock hoch in der Luft oder behutsam dicht vor dir, um das Orchester zusammenzuhalten.

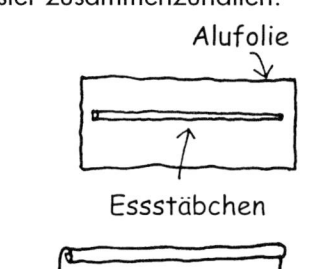

Alufolie

Essstäbchen

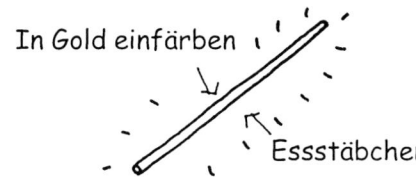

In Gold einfärben

Essstäbchen

© Verlag an der Ruhr · Postfach 10 22 51 · 45422 Mülheim an der Ruhr · www.verlagruhr.de

Bewegungen beim Dirigieren

Dirigenten nehmen die rechte Hand, um den Grundtakt des Musikstückes anzugeben. Mit dem Taktstock vollführen sie bestimmte Bewegungen in der Luft, die dem Orchester helfen, im Takt zu bleiben.
Wenn du die Muster, die du unten aufgemalt siehst, mit dem Taktstock oder mit der Fingerspitze in der Luft nachmachst, gibst du den Takt wie ein richtiger Dirigent an.

Für einen 1-2-Takt
(klatsch, klatsch):

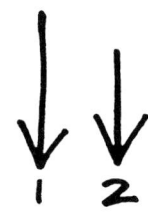

Für einen 1-2-3-4-Takt
(klatsch, klatsch,
klatsch, klatsch):

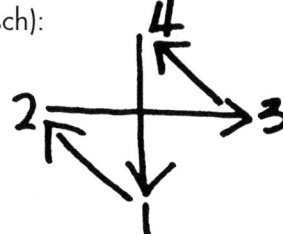

Für einen 1-2-3-Takt
(klatsch, klatsch,
klatsch):

Mit der linken Hand führst du neue Instrumente ein – man sagt auch: Du gibst ihnen ihren Einsatz – oder du wedelst ausdrucksvoll mit ihr herum. Wenn du willst, dass das Orchester leiser spielt, sagst du ihm das mit deiner Linken, indem du in der Luft eine Abwärtsbewegung machst und dabei die Handfläche nach unten hältst. Wenn du es lauter haben willst, machst du mit der Handfläche nach oben eine Aufwärtsbewegung.

Beim Dirigieren wirst du merken, dass Teile der Musik immer wieder gespielt werden und sich dabei verdrehen und verändern, bis sie wieder so klingen, wie du sie zum ersten Mal gehört hast. So etwas nennt man Thema – und als Dirigent bist du derjenige, der dafür sorgt, dass man es hört!
Den Dirigenten zu spielen ist eine gute Methode, sich mit klassischer Musik vertraut zu machen – und wer weiß? Vielleicht wirst du eines Tages tatsächlich Dirigent! Falls du das Dirigieren als Beruf wählst, wirst du wahrscheinlich ziemlich lange mitmischen – von allen Berufsgruppen sind die Dirigenten nämlich diejenigen, die am längsten leben. Vielleicht liegt das daran, dass sie ihr Leben damit zubringen, ihre Gefühle auf solch energische Weise auszudrücken!

Opern und Operetten

Um das Jahr 1700 herum hatte irgendjemand die brillante Idee, klassische Musik mit Theater zu verbinden. Und so wurde die Oper geboren, eine Geschichte, die nur mit Gesang erzählt wird.
Zu Beginn war die Oper etwas sehr Ernstes und wurde nur für reiche Leute und Angehörige der königlichen Familie aufgeführt. Dann beschloss ein schlauer Komponist, auch das einfache Volk an die Musik heranzuführen, nahm ein unkompliziertes, heiteres Bühnenstück und schrieb Musik dazu. Die Leute liebten diese musikalischen Theaterstücke mit Tanz und Späßen. Und so wurde eine neue Kunstform geschaffen, ein absoluter Hit – die Operette.
Johann Strauss' *Die Fledermaus* und Gilbert und Sullivans *Piraten von Penzance* sind zwei berühmte Operetten, die dir bestimmt gefallen. *Der Zauberlehrling* und die Kinderopern von Benjamin Britten machen dir sicherlich auch Spaß.

Musik + Show = Musical

Hast du schon mal von *My Fair Lady, Oklahoma!, Cats, West Side Story, Anatevka, Die Schöne und das Biest* gehört? Und wie steht es mit *Grease, Saturday Night Fever, Starlight Express, A Chorus Line* oder *Das Phantom der Oper*? Wenn dir diese Titel nichts sagen, hast du einen wahren Leckerbissen vor dir! Dies sind die Namen berühmter Musicals – Bühnenstücke mit Musik und Tanzeinlagen, die Millionen von Leuten in der ganzen Welt begeistert haben. Der Unterschied zwischen einem Musical und einer Operette liegt darin, dass Musicals mehr gesprochene Passagen haben, während Operetten fast ganz aus Liedern bestehen.

Oklahoma! war das erste Musical, das eine richtige Geschichte erzählte, die sich entwickelte und genau zur Musik passte. Es wurde von Richard Rodgers und Oscar Hammerstein geschrieben und darin kamen tanzende Cowboys und Leute vor, die von den windgepeitschten Ebenen eines brandneuen Staates sangen. *Oklahoma!* hatte in den Vierzigerjahren am Broadway, der berühmten Vergnügungsmeile in New York, seine Premiere. Damals war es eine Sensation. Das Publikum war sich bewusst, dass hier eine neue Kunstform Einzug hielt – eine Kunstform, die die Leute viele Jahre lang begeistern würde.

Von vielen Broadway-Musicals sind Filme gemacht worden, die du dir auch ausleihen kannst. Gönn dir was Schönes und hör dir bald ein Musical an! Und wenn das Zuhören und Zusehen deine Energien entfesselt, wirst du vielleicht gemeinsam mit deinen Nachbarn oder Klassenkameraden eine eigene Bühnenversion deines Lieblingsmusicals auf die Beine stellen. So etwas macht riesigen Spaß.

© Verlag an der Ruhr · Postfach 10 22 51 · 45422 Mülheim an der Ruhr · www.verlagruhr.de

Berufswunsch: Choreograph

Ein Choreograph ist jemand, der Tänze entwirft und die Reihenfolge der Tanzschritte für die Tänzer festlegt. Wenn du dir die Aufnahme eines Musicals in der Bibliothek ausleihst, kannst du dich auch als Choreograph versuchen. Such dir ein Lied aus, das dir besonders gefällt (vorzugsweise eins mit einem flotten Rhythmus) und denk dir einen Tanz aus, der dazu passt.

In einem Musical erzählt jedes Lied eine Geschichte. Lass deinen Tanz die Geschichte des Liedes erzählen, das du dir ausgesucht hast.

Wenn du das Lied *One Singular Sensation* aus *A Chorus Line* nimmst, können dein Zylinder und dein Spazierstock zum Einsatz kommen (siehe Stepptanz, Seite 53). Wenn du dich für den Titelsong aus *Oklahoma!* entscheidest, tust du so, als wärest du ein Cowboy, der über's windgepeitschte Land reitet. Und wenn du ein Lied aus *Cats* nimmst, kannst du dich als Katze verkleiden und schminken und geschmeidig wie eine Katze umherspringen.

Die einzige Regel, die du einhalten solltest, wenn du Tänze zu Musical-Melodien erfindest, lautet: Du musst alles geben! Solange du das tust, wird dein Tanz ganz bestimmt hinreißend sein!

Die großen Unbekannten der Musik

Eine witzige Reise durch die Musikgeschichte

Ugg, der Höhlenbewohner, geboren 10003 v. Chr.

Als Ugg feststellen musste, dass alle Beeren in der Nähe seiner Höhle von einer Gruppe Nomaden aufgegessen worden waren, wurde er so wütend, dass er begann, zwei Steinbrocken gegeneinander zu schlagen.
Bald vergaß er seinen Ärger und fing an, im Takt dazu zu tanzen. Die Gelehrten feiern Ugg heute als den Ur-Ur-Urahn des Rhythmus.

Irma, die Stammesmutter, geboren 6000 v. Chr.

Irma hatte neun Kinder, die Berge und Täler nach Wurzeln absuchten, die sie ausgruben und aßen. Eines Tages, als der Abend dämmerte, rief Irma nicht nach ihnen, um sie nach Hause zu holen, sondern nahm das Horn eines Widders und blies hinein. Der Klang war so Furcht einflößend, dass ihre Kinder erschreckt nach Hause stürzten. Irma wird heutzutage die Entdeckung des Horns als Musikinstrument zugeschrieben.

Raba der Bogenschütze, geboren 3024 v. Chr.

Raba der Bogenschütze fühlte sich schrecklich, als er seine Freundin, Sha Na Na, an einen Anderen verlor, der ihr einen fetteren Wasserbüffel als Hochzeitsgeschenk versprochen hatte. Er kam sich schrecklich verlassen vor. Er nahm seinen Bogen in die Hand, zupfte an der Bogensehne und seufzte dabei traurig. Der angenehme Klang ließ ihn seine Traurigkeit jedoch bald vergessen. Als der Pharao davon hörte, bot er Raba eine Stelle als Hofmusiker an!

Frank der Mönch, geboren 1011 n. Chr.

Franks Aufgabe im Kloster bestand darin, die Leibeigenen aus der Umgebung und die Dorflümmel dazu zu bringen, alle in derselben Tonart zu singen, wenn sie in die Kirche kamen. Das Problem war, dass Noten, Tonleitern und Tonarten noch nicht erfunden worden waren. Also erfand Frank sie und bescherte dem Mittelalter himmlische Klänge.

Robina die Troubadurin, geboren 1206 n. Chr.

Robina war eine Klatschtante, die mit Vorliebe von Stadt zu Stadt reiste und über die Liebe und das Leben anderer Leute tratschte. Niemand interessierte sich dafür, bis sie auf den Gedanken kam, ihre Geschichten zu singen und auf der Laute zu begleiten. Durch die Musik wurden ihre Erzählungen zu faszinierenden Balladen. Plötzlich wollten alle wissen, was Robina zu sagen hatte.

© Verlag an der Ruhr · Postfach 10 22 51 · 45422 Mülheim an der Ruhr · www.verlagruhr.de

Volksmusik

Volksmusik ist Musik, die allen gehört. Ursprünglich war dies die Musik, die ganz normale Leute sangen und spielten, Lieder, in denen sie von ihrem alltäglichen Leben und ihren Freuden und Kümmernissen berichteten und die schon seit Hunderten von Jahren gesungen werden.

Die meisten Volkslieder wurden von Leuten erfunden, deren Namen längst vergessen sind, auch wenn ihre Melodien weiterleben. Man kann sie sogar als Recycling-Musik betrachten, denn in der Volksmusik haben unterschiedliche Leute zu unterschiedlichen Zeiten an unterschiedlichen Orten dieselben Melodien gesungen und damit von ihren unterschiedlichen Lebensweisen berichtet. Aber selbst wenn es Volksmusik schon sehr lange gibt, ist das Beste daran, dass sie immer wieder neu geschaffen wird! Solange es Musik in den Herzen der Leute gibt, wird es neue Volksmusik geben. Es ist nämlich die Art von Musik, die immer und immer wieder neu geschaffen werden muss!

In anderen Worten: Volksmusik braucht dich!

Ein Lied zum Selbermachen

Das Lied von den drei Chinesen und ihrem Kontrabass zu singen macht ebenso Spaß wie damit herumzuspielen. Die Variationsmöglichkeiten sind zahlreich, aber du kannst die Palette über die „dro Chonosen" und ihren „Kontroboss" hinaus noch erweitern! Zum Beispiel könntest du an Stelle des Kontrabasses ein anderes Instrument nehmen. Wie wär's mit einem Cembalo? Oder mit einem Dudelsack? Einer Triangel? Oder mit einem Xylophon? Zusammen mit dem Instrument ändern sich die Reimwörter am Ende jeder einzelnen Zeile. Zunächst überlegst du also, was sich auf „Xylophon" reimt. Das sind eine ganze Menge Wörter: Balkon, Telefon, Flüsterton, Diskretion, schon, Sohn, Mohn und, und, und ... So könnte der Vers dann aussehen:

♪ *Drei Chinesen mit 'nem Xylophon saßen auf der Straße vor der Bahnstation.*
Da kam ein Polizist: „Ach, da seid ihr schon!"
Drei Chinesen mit 'nem Xylophon. ♪

Oder so:

♪ *Drei Chinesen mit 'nem Radio waren auf dem Wege zum Allwetterzoo.*
Da kam ein Polizist: „Guten Tag, hallo!"
Drei Chinesen mit 'nem Radio. ♪

Wenn du den drei Chinesen ihren Kontrabass lässt, müssen sie ja trotzdem nicht dasitzen und sich was erzählen. Stell dir vor, es regnet:

♪ *Drei Chinesen mit dem Kontrabass saßen stumm im Regen und sie wurden ganz nass.*
Da kam ein Polizist ... ♪

Du könntest auch vier, fünf, sechs Chinesen daraus machen, aber es müssen auch nicht unbedingt Chinesen sein:

♪ *Vierzehn Kinder und ein Schäferhund liefen durch die Straße ohne jeden Grund.*
Da kam ein Polizist: „Das ist mir zu bunt!"
Vierzehn Kinder und ein Schäferhund. ♪

Je unsinniger und witziger die Verse, desto besser! Aber du kannst damit auch über deinen eigenen Alltag berichten:

♪ *Kai, Maria und die Ann-Kathrein saßen in der Schule und sie schliefen fast ein.*
Da kam der Lehrer: „Nein, das darf nicht sein!"
Kai, Maria und die Ann-Kathrein. ♪

Viel Spaß beim Dichten und Singen!

Lebendige Geschichte

Volksmusik in ihrer ursprünglichen Bedeutung ist so etwas wie ein lebendiges Geschichtsbuch. Wenn du dich für eine bestimmte Periode in der Geschichte interessierst, kannst du sicher sein, dass es ein passendes Volkslied dazu gibt. Hier sind einige Lieder, die von geschichtlichen Ereignissen erzählen und davon, wie die Leute früher gelebt haben. Bitte jemanden, dir diese Lieder beizubringen oder versuche, Aufnahmen davon in der Bücherei zu bekommen.

Es, es, es und es
(über die Tradition der Handwerksburschen, während ihrer Lehrzeit auf Wanderschaft zu gehen)

Glückauf, der Steiger kommt
(über die Arbeit im Kohlenbergwerk)

Wir sind die Moorsoldaten
(Lied des Lagerchors im Konzentrationslager Bögermoor zur Zeit des Nationalsozialismus in Deutschland)

Im Märzen der Bauer
(über die Pflichten und Freuden des Landlebens)

What shall we do with the drunken sailor
(ein Shanty über die Arbeit auf Segelschiffen)

Wollt ihr wissen, wie der Bauer

In den Zeiten, bevor es Mähdrescher, Traktoren und Hochsilos gab, musste die Arbeit auf dem Feld und in der Scheune häufig von Hand erledigt werden und davon erzählt dieses Lied. Beim Singen kannst du die Bewegungen des Bauern nachmachen. Wenn du die Melodie nicht kennst und auch niemanden findest, der sie dir beibringen kann, denk dir selbst eine aus.

♪ *Wollt ihr wissen, wie der Bauer seinen Hafer aussät?*
Seht, so macht's der Bauer, wenn er seinen Hafer aussät.

Wollt ihr wissen, wie der Bauer seinen Hafer abmäht?
Seht, so macht's der Bauer, wenn er seinen Hafer abmäht.

Wollt ihr wissen, wie der Bauer seinen Hafer einfährt?
Seht, so macht's der Bauer, wenn er seinen Hafer einfährt.

Wollt ihr wissen, wie der Bauer seinen Hafer ausdrischt?
Seht, so macht's der Bauer, wenn er seinen Hafer ausdrischt. ♪

Heidenröslein

Kennst du das berühmte Volkslied vom Heidenröslein „Sah ein Knab' ein Röslein stehn"? Der Text dieses Liedes ist ursprünglich ein Gedicht, das der bekannte deutsche Dichter Johann Wolfgang von Goethe geschrieben hat. Später wurde von Heinrich Werner eine Melodie dazu komponiert – und bis heute wird das Lied als Volkslied gesungen.

♪ *Sah ein Knab' ein Röslein stehn*
(Heidenröslein)
Sah ein Knab' ein Röslein stehn,
Röslein auf der Heiden,
war so jung und morgenschön,
lief er schnell, es nah zu sehn,
sah's mit vielen Freuden.
Röslein, Röslein, Röslein rot,
Röslein auf der Heiden. ♪

© Verlag an der Ruhr · Postfach 10 22 51 · 45422 Mülheim an der Ruhr · www.verlagruhr.de

Auftritt des Troubadours

Die Troubadoure waren frühe Volksmusiker, die in Liedern über die Ereignisse im Leben der Leute berichteten. Sie zogen von Stadt zu Stadt und sangen über das, was woanders passierte. Eigentlich waren Troubadoure so etwas wie singende Zeitungen.

Wenn du von einem Ereignis weißt, das bald eintreten wird, kannst auch du ein Lied davon singen. Wird deine Tante bald heiraten? Dann feiere dieses Ereignis mit einem Lied! Findet im Stadtpark demnächst ein Kinderfest statt? Kündige es mit einer Ballade an!

Denk daran, dass jedes Lied neben einer Melodie und einem Rhythmus auch ein Gefühl braucht. Stell dir die Frage, wie deine Gefühle zu diesen Ereignissen aussehen. Wenn du traurig bist, dass deine Tante nun bald in eine andere Stadt zieht, singst du in deiner Ballade davon. Wenn du dich auf das Fest freust, aber Angst hast, dass das Wetter schlecht sein könnte, erwähnst du das in deinem Lied. Hier sind ein paar Vorschläge, die dir bei deiner Karriere als Troubadour auf die Sprünge helfen können.

♪ **Das Kinderfest**

Hört, ihr Leute, dass ihr's nicht vergesst:
Am Samstag feiern wir ein Kinderfest!
Kommt in den Stadtpark um halb drei,
zum Eingang an der alten Ziegelei.

Dort warten Spiel und Spaß auf alle,
doch solltet ihr in jedem Falle
auch an Regensachen denken.
Dann kann bei Kuchen und Getränken,

und vielen tollen Wettbewerben
auch ein Schauer nichts verderben.

Drum kommet alle,
kommt zuhauf!
Wir freuen uns schon sehr darauf! ♪

♪ Tante Lilli heiratet

*Wir kennen sie als Lilli Kühne,
doch dann kam Oskar auf die Bühne.
Nun trägt sie seinen Ring am Finger
und bald schon heißt sie Lilli Klinger.*

*Die Hochzeit ist am dritten Mai.
Natürlich sind wir auch dabei,
wie jeder andere Verwandte,
und feiern unsre Lieblingstante.*

*Leider heißt's bald Abschied nehmen,
denn Tante Lilli zieht nach Bremen.
Wir werden sie wohl sehr vermissen,
doch wenn wir sie nur glücklich wissen,
sind wir Oskar auch nicht gram,
dass er uns die Tante nahm.* ♪

Lieder aus der alten Heimat

Kommen deine Vorfahren vielleicht
aus einem anderen Land?
Es gibt so viele Volkslieder aus anderen Ländern, die erzählen, wie das
Leben dort aussah. Wenn du ein
bisschen gräbst und nachfragst,
förderst du bestimmt gute Beispiele
dafür aus den Heimatländern deiner
Eltern oder Großeltern zu Tage.
Erkundige dich in deiner Familie
oder bei einem älteren Nachbarn
nach Liedern aus der „alten
Heimat".
Volksmusik gehört allen. Und nun
gehört sie auch dir!

© Verlag an der Ruhr · Postfach 10 22 51 · 45422 Mülheim an der Ruhr · www.verlagruhr.de

Etwas Einzigartiges: Jazz!

Jazz ist mit nichts zu vergleichen. Jazz ist eine unverwechselbare Art von Musik, ganz einzigartig. Jazz ist Musik, die nur so zum Spaß gespielt wird. Jazz kommt ursprünglich aus den USA, doch Jazz ist eine Sprache, die überall auf der Welt verstanden wird. Jazz ist eine freie, bewegte, bewegende, aufrüttelnde, improvisierte musikalische Kraft, die den Zuhörer zu einem ganz anderen Ort trägt.

Wie alles begann

Einige Leute sagen, dass der Jazz von einem Zeitungsjungen erfunden wurde, der Stale Bread hieß (das bedeutet „altbackenes Brot"). Er nahm sich eines schönen Tages eine Pfanne und spielte darauf wie auf einer Trommel. Andere Leute sagen, dass der Jazz von einem Jugendlichen namens Jasper kam, der in einer Band spielte. Die Band hieß „Spasm Band", „Zuck-Band", wegen der Art, wie sie ihre Zuhörer zum Tanzen brachte. Wieder andere Leute behaupten, dass der Jazz nach Charles, einem Hornisten,

benannt wurde, der seinen Namen „Chaz" schrieb. In Wirklichkeit haben eine Menge Menschen geholfen, diese einzigartige amerikanische Musik zu schaffen, denn Jazzmusik lebt davon, dass die Musiker sie beim Spielen erfinden.

Eine Stadt spitzte die Ohren

Um das Jahr 1900 trat Jazz zum ersten Mal in New Orleans in Erscheinung. Damals war das Musikmachen ein wichtiger Bestandteil das Alltags der Leute. Es gab keine Fernseher und so versammelten sich an den Wochenenden die Musikmacher an den Straßenecken und sangen und schmetterten für die Passanten.

In New Orleans gab es einen Platz mit dem Namen Congo Square, wo sich die Afroamerikaner trafen und die Rhythmen ihrer Vorfahren lebendig werden ließen. Sie füllten den Platz mit eindringlichen Rhythmen, die Amerika noch nie zuvor gehört hatte. Als die Trommeln im Congo Square erklangen, spitzte New Orleans die Ohren.

Eine reiche musikalische Geschichte

Die Musikmacher in New Orleans konnten auf eine reiche musikalische Geschichte zurückgreifen. Zu den markanten afrikanischen und karibischen Rhythmen kamen spanische und französische Lieder, denn New Orleans hatte sowohl zu Frankreich als auch zu Spanien gehört, bevor es ein Teil der Vereinigten Staaten wurde.

Viele der armen Arbeiter in den Südstaaten waren die Söhne und Töchter von Sklaven, die gegen ihren Willen in die Vereinigten Staaten gebracht worden waren. Ihre Musik war ein Zeugnis des Schmerzes und der Stärke in ihnen. Sie schufen auch Arbeitslieder, damit ihnen die harte Arbeit leichter von der Hand ging.

Ein Arbeitslied

Ein Arbeitslied kann die Arbeit, die du erledigen musst, leichter und erfreulicher machen. Ursprünglich wurden die Arbeitslieder entweder von vielen Stimmen, von einem Chor, gleichzeitig oder als Wechselgesang gesungen. Das bedeutet, dass ein Vorsänger etwas singt und ihm der Chor darauf antwortet. Das nächste Mal, wenn du beim Spülen hilfst, kannst du mal versuchen, gemeinsam mit deinem „Mitspüler" das folgende Lied dabei zu singen.

♪ Vorsänger:
Wasser, marsch! Das Becken voll.
Chor:
Das Becken voll. Das Becken voll.
Vorsänger:
Wenn alles sauber werden soll,
dann brauchen wir noch Seife, Seife
für's Geschirr.
Chor:
Seife für's Geschirr, Seife für's
Geschirr.
Vorsänger:
Zuerst die Messer und die Gabeln
mit Geklirr.
Und wenn die nun sauber sind,
Heißt es abspülen, ganz geschwind.
Chor:
Abspülen, ganz geschwind, ganz
geschwind.
Vorsänger:
Und dann: trocken wischen und
polier'n und ins Schubfach
einsortier'n.
Chor:
Trocken wischen und polier'n
und ins Schubfach einsortier'n. ♪

Das richtige Rezept

Als sie die afrikanischen Rhythmen ihrer Vorfahren mit englischen Kirchenliedern kombinierten, schufen die Afroamerikaner Lieder, die man *Spirituals* nannte, und einen Musikstil, den man *Gospelmusik* nannte. Die Gospelmusik hob sie aus ihrem harten Arbeitsleben heraus und gab ihnen Kraft für den Alltag.
Wenn du den markanten afrikanischen Trommelrhythmus nimmst, den Geschmack eines französischen oder spanischen Liedes hinzufügst, alles mit einem Arbeitslied vermischst und mit einem Gospelsong aufkochen lässt, dann bekommst du die Musik, die heute auf der ganzen Welt gespielt, gehört und geliebt wird: Jazz!

Synkopen

Keine Angst vor diesem schwierigen Wort! Bestimmt hast du schon oft synkopierte Rhythmen gehört, auch wenn du diesen Begriff nicht kanntest. Bei der Synkopierung bekommt ein unbetonter Schlag die Betonung. Synkopen geben der Musik zusätzlichen Schwung, Energie und Fröhlichkeit. Du kannst es dir so vorstellen: wenn du spazieren gehst, machen deine Füße einen regelmäßigen Rhythmus ohne Synkopen. Wenn du aber hüpfst, hast du es mit Synkopen zu tun!
Man könnte es auch so sagen: Seilchenspringen erzeugt einen gleichmäßigen Rhythmus, aber wenn zwei lange Springseile wechselseitig geschlagen werden, dann sind das Synkopen.

© Verlag an der Ruhr • Postfach 10 22 51 • 45422 Mülheim an der Ruhr • www.verlagruhr.de

Synkopen klatschen

Diese Klatschübung wird dir helfen, Synkopen zu erkennen.

Zunächst klatschst du diesen regelmäßigen Rhythmus und horchst dabei:

1 und 2 und 3 und 4. Du klatschst auf den Zahlen und sprichst die Zahlen und das „und" dazwischen.

Um Synkopen zu hören, klatschst du diesen Rhythmus:

1 und 2 **3** und und 4. Die fett gedruckte Zahl bekommt zusätzliches Gewicht und ein winziges bisschen mehr Zeit.

Hörst du den Unterschied? Das ist eine Synkope.

Synkopierte Melodien

Wenn du das Lied „I Got Rhythm" kennst, dann kennst du auch Synkopen. Versuche die erste Liedzeile im Synkopenrhythmus nachzusprechen und dabei zu klatschen. Sie sieht so aus:

(Schlag) klatsch (Schlag) klatsch
          I   *got*
(Schlag) klatsch (Schlag) klatsch
     rhy-   *thm*

(Schlag) klatsch (Schlag) klatsch
          I   *got*
(Schlag) klatsch (Schlag) klatsch
     mu-   *sic*

Wenn du das Lied selbst nicht kennst und auch niemanden weißt, der es dir vorsingen könnte, versuch einmal, in der Bücherei eine Aufnahme davon zu bekommen.

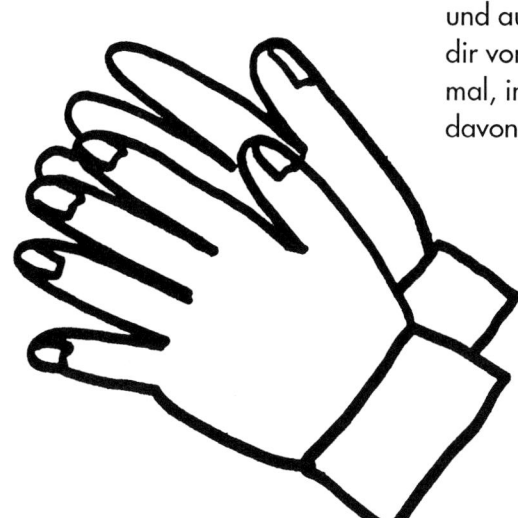

Der Blues

Der Blues ist eine der größten – und einfachsten – musikalischen Erfindungen aller Zeiten. Mit nicht mehr als drei Akkorden und 48 Schlägen vermittelt er die ganze Welt der Gefühle.

Der Blues stammt von versklavten Afrikanern, die in den Südstaaten von Amerika lebten. Den ganzen Tag über gingen sie ihrer schweren, schweißtreibenden Arbeit in der heißen Sonne nach und in dieser Jazzform, die man Blues nannte, brachten sie all die Verzweiflung, Trauer, Stärke und Hoffnung in ihnen zum Ausdruck.

Doch selbst der traurigste Blues-Song lässt meist einen gesunden Sinn für Humor erkennen. Hier ist der Text zu einem Blues-Song, den sich jemand vor über hundert Jahren ausgedacht hat:

♪ *I'm going down to the railroad*
And lay my head on the track
I'm going down to the railroad
And lay my head on the track
But if I see the train a-coming
I'm gonna jerk it back!

(Ich geh hinunter zur Bahnlinie
und leg den Kopf auf die Schienen.
Ich geh hinunter zur Bahnlinie
und leg den Kopf auf die Schienen.
Doch wenn ich den Zug kommen seh,
zieh ich ihn ganz schnell wieder zurück.) ♪

Einige Blues-Songs sind aufgeschrieben oder schriftlich festgehalten worden, aber traditionell wird der Blues improvisiert. Das bedeutet, dass der Musikmacher ihn beim Singen spontan erfindet. Musik zu improvisieren hat damals Spaß gemacht und macht auch heute noch Spaß. Außerdem ist es die einfachste Methode, neue Songs zu erschaffen.

Zwölf Takte

Ein Takt ist ein Zeitmaß. Das grundlegende Taktschema beim Blues umfasst vier Schläge. Wenn du gleichmäßig klatschst und dabei bis vier zählst, hast du einen Takt geklatscht. Das Besondere beim Blues ist, dass die Betonung auf dem 2. und 4. Schlag liegt. Probier es mal.

klatsch	klatsch	klatsch	klatsch
1	**2**	3	**4**

Das Zwölftaktschema des Blues bedeutet einfach, dass es zwölf Zeiteinheiten gibt, von denen jede vier Schläge enthält. Das macht insgesamt 48 Schläge von Anfang bis Ende. Nicht besonders geheimnisvoll, oder?

Den Zwölftakt-Blues kann man einfach mit Klatschen im Hintergrund singen und es klingt toll. Solange das Klatschen sicher und gleichmäßig kommt, kann die Stimme des Sängers das Lied leicht tragen. Versuch es mal.

Das Zwölftaktschema des Blues klatschen

Wie lang sind 48 Schläge?
Wenn du sie klatschst, weißt du es.

Beim nächsten Durchgang klatschst du zuerst sechzehn Schläge und schnippst die nächsten acht Schläge mit den Fingern. Denk dran: immer schön gleichmäßig.

Klatsch:	16
Schnippen:	8
Klatschen:	8
Stampfen:	4
Schnippen:	4
Klatschen:	4
Stampfen:	4

Nun fügst du Worte hinzu und schon hast du einen Blues!

Welche Art von Blues willst du singen?

Die ersten Bluessänger lebten in bitterer Armut und tiefer Verzweiflung. Doch wenn sie von ihrem schweren Leben und ihren gebrochenen Herzen sangen, schienen sie sich Erleichterung zu verschaffen. Dein Leben mag nicht so unglücklich sein wie das der ersten Bluessänger, aber du hast bestimmt auch Probleme. Warum erzählst du nicht in einem Blues davon? Den Blues zu singen, kann dich auch von den geringfügigsten Problemen erlösen.

© Verlag an der Ruhr · Postfach 10 22 51 · 45422 Mülheim an der Ruhr · www.verlagruhr.de

Einen Blues erfinden

Hier ist ein Beispiel für einen improvisierten Bluessong. Denk dir eine Melodie dazu aus und dann geht's los!

♪ *Der Hausaufgaben-Blues*
Ich hasse Schulaufgaben.
Oh, ich hasse sie so sehr.
Ja, ich hasse Schulaufgaben.
Oh, ich hasse sie soooo sehr.
Doch ich muss sie leider machen,
denn sonst krieg ich noch viel mehr! ♪

Wenn du dir die Worte für deinen eigenen Bluessong ausdenkst, mach dir keine Gedanken darum, ob sie gut passen oder nicht. Solange du sie in 48 Schlägen unterbringen kannst, ist es okay. Viele Bluessänger schummeln ein bisschen mit ihren Texten, damit sie in das Taktschema passen und fügen noch ein Stöhnen und Seufzen oder Wuuuhs, Ooohs und jede Menge andere Ausrufe hinzu. So kannst du es auch machen.

Du kannst auch lustige Bluessongs für und über Leute machen, die du kennst. Bekommst du ein paar Ideen, wenn du diese Titel siehst?
Der Picknickkorb-Blues
Der Angebrannte-Toast-Blues
Der Die-Katze-hat-das-Sofa-zerfetzt-Blues
Der Eingefrorene-Autobatterie-Blues
Der Früh-ins-Bett-müssen-Blues
Der Sardellen-Pizza-Blues

Rock 'n' Roll

Rock 'n' Roll ist mehr als nur ein Musikstil – er ist ein Lebensgefühl! Als der Rock 'n' Roll in den Fünfzigerjahren mit einem Knall in der Musikszene erschien, war nichts mehr so wie es vorher war! Rock 'n' Roll war eine Art Revolution, die die Leute in ihrem Innersten befreite und sie richtig losrocken ließ.

♪ *Das Rezept für Rock 'n' Roll*
Du nimmst den Blues und eine Prise Bee-Bop,
rührst darunter eine Hand voll Doo-Wop,
alles in den Topf hinein,
doch das ist es nicht allein.
Mit den Schultern, Fingern, Lippen
heißt es zucken, schnippen, wippen.
Mit den Hüften wackelst du,
doch du brauchst auch Herz dazu.
Temperament- und seelenvoll
kommt heraus der Rock 'n' Roll. ♪

Der Rock-Rhythmus

Musik wird zu Rock 'n' Roll, wenn sie einen speziellen Rock-'n'-Roll-Rhythmus hat. Um diesen Standardrhythmus zu lernen, klopfst du mit den Füßen zunächst jede Zahl und auch jedes „und" zwischen den Zahlen:

1 & 2 & 3 & 4 & 1 & 2 & 3 & 4 &

Sobald du diesen Rhythmus beherrschst, rock-'n'-rollst du ihn, indem du die 2 und die 4 extra betonst:

1 & **2** & 3 & **4** & 1 & **2** & 3 & **4** &
... und so weiter.

Hörst du den Rock-Rhythmus heraus? Ganz schön cool, oder?

Rock-'n'-Roll-Triolen

Es gibt noch einen anderen Rock-Rhythmus und der ist ein bisschen „bluesiger". Dieser Rhythmus besteht aus Triolen, die ständig wiederholt werden. (Eine Triole ist eine Folge von drei kurzen Noten, wie bei dem Wort „Papagei".) Wenn du diesen Rhythmus klopfst, klopfst du die Triolen schnell und zusammenhängend, ohne Pausen dazwischen.

123 123 123 123 123 123
123 123 123 123 123 123

Eine Rock-'n'-Roll-Party

Du brauchst keinen besonderen Anlass, um eine Rock-'n'-Roll-Party zu geben. Du kannst sie als Geburtstagsfeier veranstalten oder einfach, weil es Freitagabend ist.
Auf jeden Fall brauchst du aber ein paar Rock-Songs, die dich richtig in Schwung bringen. Außerdem macht es großen Spaß, Lieder aus den unterschiedlichen Zeitaltern des Rock auszusuchen. „Bill Haley and the Comets" war eine der ersten Rock-'n'-Roll-Gruppen. Wenn möglich, versuch mal eine Aufnahme von *Rock Around the Clock* zu bekommen, mit dem die Rockmusik begann. Es hört sich heute noch genauso toll an wie früher. Andere frühe Rockklassiker sind *Blue Suede Shoes* von dem „King of Rock ‚n' Roll", Elvis Presley, *Johnny Be Good* von Chuck Berry und *Great Balls of Fire* von Jerry Lee Lewis.

Eine Rock-'n'-Roll-Party ist eine gute Gelegenheit zum Playback (siehe Seite 91). Und vergiss die Luftgitarre nicht (siehe Seite 123).

© Verlag an der Ruhr · Postfach 10 22 51 · 45422 Mülheim an der Ruhr · www.verlagruhr.de

Wie ein echter Rocker aussehen

Wenn du dich für deine Rock-'n'-Roll-Party fertig machst, darf das Ergebnis ruhig absolut ungeheuerlich sein!

Einige Rocker ziehen nur schwarze Sachen an – vom Hemd bis zu den Stiefeln. Andere Rocker bevorzugen farbenprächtigere Sachen und ein schillerndes Erscheinungsbild. Sie tragen Armbänder, Armbinden, Schals, Ringe, Gürtel und Westen. Du solltest auf jeden Fall die Hutsammlung deiner Familie durchsehen. Vielleicht findest du dabei etwas Brauchbares. Und wenn ihr eine Perücke im Haus habt – anprobieren! Und, Leute, wenn ihr einen Ohrclip finden könnt – nur einen – dann seht ihr noch viel cooler aus!

Make-up? Auf jeden Fall, für Jungen und Mädchen. Wenn du dich ganz in Schwarz kleidest, kannst du dir die Augen mit schwarzem Augenbrauenstift umranden und siehst dann besonders interessant aus. Für glamourösere Rocker empfiehlt es sich, etwas fettige Gesichtscreme auf die Wange zu schmieren und dann mit Flitter zu bestreuen – und die Fans werden geradezu geblendet! Du kannst dir für deine Rock-'n'-Roll-Party aber auch die schäbigsten Sachen anziehen, die du auftreiben kannst, wie abgetragene Jeans mit Löchern an den Knien und ein schmutziges, zerrissenes T-Shirt.

Luftgitarre spielen

Luftgitarre spielen ist ganz einfach, solange du eine Kassette oder eine CD von einem großen Gitarristen wie Eric Clapton oder Bruce Springsteen im Hintergrund laufen lässt. Was eine Luftgitarre ist, willst du wissen? Nun ja, es ist eine unsichtbare elektrische Gitarre – aus Luft.

Wenn du Luftgitarre spielen möchtest, legst du Rockmusik auf, am besten ein Stück mit einem großen Gitarrensolo. Dann tust du so, als würdest du vor deinem Bauchnabel die Saiten deiner Gitarre mit deiner Rechten spielen. Die Linke hältst du in die Luft und zwar über deiner linken Schulter, so als hieltest du eine Gitarre. Du musst die Musik, die du hörst, wirklich fühlen. Lass sie an dich herankommen, lass sie dich packen und dein Innerstes berühren. Du bist der Gitarrist, beugst die Knie, kneifst die Augen zu, wackelst mit dem Kopf herum und stampfst und wiegst dich im Rhythmus der Musik. Je mehr du in der Musik aufgehst, desto toller wird deine Luftgitarre sein!

© Verlag an der Ruhr · Postfach 10 22 51 · 45422 Mülheim an der Ruhr · www.verlagruhr.de

Wer waren die Beatles?

Es waren einmal vier Teenager in Liverpool in England, die die ganze Welt bei den Ohren packten. Das war in den frühen Sechzigerjahren und die vier Teenager waren die Beatles: John Lennon, Paul McCartney, George Harrison und Ringo Starr.

Die Musik, die sie schufen, war so lebendig und machte so viel Spaß, dass für einen wunderschönen Moment in der Geschichte der Menschen das Musikmachen die wichtigste Meldung des Tages war. Abend für Abend folgten die Fernsehnachrichten und die Schlagzeilen in den Zeitungen den Umtrieben der „Fab Four", der „Märchenhaften Vier", wie man sie bisweilen nannte. Die Fans stürmten in ihre Konzerte. Mädchen kreischten ihre Namen.

Auf der ganzen Welt hatten Leute dieselbe pilzkopfähnliche Ponyfrisur wie die Beatles. In der Geschichte hat es so etwas noch nie gegeben, weder vorher noch nachher. Die Beatles eroberten die Welt und alle Menschen darin – nicht mit Bomben und Gewehren, sondern mit der lebendigen Kraft der Musik.

Festival der Stile

Jetzt kennst du schon eine ganze Menge verschiedener Musikstile und hier ist nun ein „stilvolles" Spiel, das du alleine oder mit Freunden spielen kannst.

Zunächst schreibst du die Wörter für verschiedene Musikstile auf kleine Papierstückchen, zum Beispiel: Rock 'n' Roll, Klassik, Jazz, Operette, Broadway-Musical, Blues und jede andere Stilrichtung, die dir einfällt. Dann legst du alle Papierstückchen in ein Glasgefäß oder einen Hut.

Als Nächstes suchst du dir ein Lied aus, das du gut kennst und versuchst, es in verschiedenen Stilen zu improvisieren. Nimm beispielsweise das Lied *Hänsel und Gretel verirrten sich im Wald*. Du singst es so, als wäre es eine Rock-'n'-Roll-Melodie. Dann singst du es als Jazzmelodie, als Broadway-Musical oder als Oper. Ist es nicht erstaunlich, dass dieselben Noten so viele verschiedene Gefühle ausdrücken können?

© Verlag an der Ruhr · Postfach 10 22 51 · 45422 Mülheim an der Ruhr · www.verlagruhr.de

Und jetzt: alle zusammen!

Jetzt hast du einen ganzen Sack voll musikalischer Fähigkeiten, Tricks und Aktivitäten zusammen, und nun ist es an der Zeit, sich mit anderen zusammenzutun und all das gemeinsam zu genießen. Das Gemeinsame ist ganz bestimmt eine der besten Seiten an der Musik – je mehr du die Musik, die du besonders gern magst, mit anderen teilst, desto enger ist sie mit deinem Leben verknüpft.

Umzugspläne

Umzüge mag jeder – jedenfalls die, bei denen nicht die Möbelpacker, sondern die Musiker die Hauptrolle spielen. Es macht einfach Riesenspaß, zum Schlag der Trommel herumzumarschieren! Alles was man braucht, sind einen Tambourmajor (das ist die Bezeichnung für den Anführer), einen Rhythmus und einen Grund, weshalb man marschiert.

Der Tambourmajor ist derjenige, der vorneweg marschiert und das Tempo des Umzugs bestimmt. Er sollte einen Taktstock oder einen Stab haben (die zum Herumwirbeln sind am besten), den er auf und ab bewegt, im Takt der Musik.

Und was den Grund zum Marschieren angeht – tja, da ist eigentlich fast alles geeignet. Eine Regentagprozession rund um das Haus macht genauso Spaß wie ein Sonnentagumzug, der die ganze Straße hinunterführt. Warum nicht den Weltkindertag mit einem selbst gemachten Umzug feiern? Du kannst aber auch einen ganz eigenen Feiertag erfinden, wie den „Internationalen Suppentag" oder einen „Keine-Hausaufgaben-Tag". Oder ihr veranstaltet einen Umzug, um eine kranke Nachbarin aufzumuntern und tragt ein Spruchband an ihrem Haus vorbei, auf dem geschrieben steht: „Gute Besserung, Frau Müller!"

Der Marschrhythmus

Du hast keine Trommel? Dann hol dir einen Topf aus der Küche und etwas zum Draufhauen wie einen Holzlöffel oder einen selbst gebastelten Schlägel. (Ein Metalllöffel wäre zu laut.) Der grundlegende Rhythmus sollte kräftig und dröhnend sein, gleichzeitig aber den anderen Instrumenten genügend Raum lassen und sie nicht übertönen.

Eine Marschtrommel aus einem Pappkarton

Nimm dir einen Pappkarton und bohre Löcher in die Seitenwände. Dann schneidest du Pappringe aus, die als „Dichtungen" dienen. Binde ein Stück Schnur um diese Dichtungen und fädele die Schnur durch die Löcher im Karton. Miss sie so ab, dass der Karton von der Schulter herunter ungefähr bis zur Hüfte hängt. Beim Marschieren streifst du die Schnur über die Schulter und trommelst mit den Händen oder einem Schlägel auf dem Karton.

Jeder Umzug braucht einen Trommelrhythmus

Die Stimmung eines Umzugs wird durch die Trommel und die Marschmusik vorgegeben. Probiere diesen Trommelrhythmus auf allen möglichen Trommeln aus.

1 2 **3** 1 2
1 2 **3** 1 2
1 2 **3**
1 2 **3**
1 2 **3** 1 2
(wiederholen)

Einen anderen schönen Marschrhythmus bekommst du, wenn du diese Worte trommelst:

Bum bah la
Bum bah la
Bum bah la
Bum
Ricketi
Ricketi
Rack
Rack
Kazum!
(wiederholen)

Flöten, Querpfeifen, Glocken und Kazoos

Bei einem Umzug ist jedes Instrument willkommen, das man in der Hand halten kann – je mehr, desto besser. Wenn du dich auf eine musikalische Safari (siehe Seite 73) begibst, findest du bestimmt noch ein paar in eurem Haushalt.

© Verlag an der Ruhr · Postfach 10 22 51 · 45422 Mülheim an der Ruhr · www.verlagruhr.de

Los geht die Parade

Es macht Spaß, sich einen speziellen Sprechgesang auszudenken, zu dem man marschiert. Nehmt euch einfach ein paar Sätze, möglichst welche, die sich reimen, und ruft sie laut und deutlich. Ihr könnt selbst welche erfinden oder es für den Anfang mit diesen versuchen:

Kommt heraus (bum) (bum)
aus dem Haus! (bum) (bum)
Seid dabei, (bum) (bum)
eins, zwei, drei! (bum) (bum)
Groß und klein (bum) (bum)
reiht sich ein! (bum) (bum)
Seid dabei, (bum) (bum)
eins, zwei, drei! (bum) (bum)

Oder wie wär's damit:
Wir marschieren, wir marschieren,
(bum) (bum)
weil uns das so gut gefällt,
(bum) (bum)
und wer will, kann mit marschieren,
(bum) (bum)
durch die Straße, über's Feld.
(bum) (bum)

Marschlieder

Mit Marschliedern wird so ein Umzug noch schöner. Zu Liedern wie *When the Saints Go Marching In, Im Frühtau zu Berge, Das Wandern ist des Müllers Lust* und *Wohlan die Zeit ist kommen* und anderen Wanderliedern lässt es sich gut marschieren. Es ist eine gute Idee, zwischen den Liedern die Trommel ohne Unterbrechung weiter schlagen zu lassen. Der Tambourmajor ruft den Titel des nächsten Liedes aus und dann fangt ihr alle zusammen an. Wenn ihr Instrumente spielt, die ihr in den Händen haltet, vergesst nicht, dass ihr noch ein anderes Instrument bei euch habt – eure Stimme! Also: singt, was das Zeug hält!

Im Frühtau zu Berge

Dieses Wanderlied hat einen munteren Rhythmus und eine einprägsame Melodie:

Im Frühtau zu Berge wir ziehn,
fallera!
Es grünen die Wälder, die Höh'n,
fallera!
Wir wandern ohne Sorgen,
singend in den Morgen,
noch ehe im Tale die Hähne krähn.

Ihr könnt das Lied auch zu einem richtigen Marschlied machen, wenn ihr den Text ein bisschen verändert:

Wir ziehen die Straße entlang,
fallera!
Und freu'n uns an unsrem Gesang,
fallera!
Marschieren froh und heiter,
marschieren immer weiter,
wer will, der kann gerne mit uns
marschiern.

Zusammen singen

Singt aus vollem Halse!

Wenn Leute zusammenkommen, um miteinander zu singen, ist es egal, ob es zwei oder zehn sind – je mehr, desto kräftiger klingt euer Gesang! Wenn ihr einen Gitarrenspieler kennt oder einen, der ein Tasteninstrument spielt und drei Akkorde kann – noch besser! (Siehe Seite 151.) Aber wie ihr in diesem Buch herausgefunden habt, braucht man zum Musikmachen keine Instrumente. Singstimmen und Hände zum Klatschen können ganz alleine schon ein prima Orchester bilden.

Eine Liste aufstellen

Zu Beginn stellst du eine Liste mit allen Liedern auf, die deine Familie und Freunde kennen. Diese Liste ist deine Grundlage für das gemeinsame Singen. Vielleicht kopierst du auch die Texte von einigen Liedern. Oft ist es so, dass sich die Leute nur an die erste Liedzeile erinnern. Überleg dir Gruppen von Liedern wie Eisenbahnlieder, Flusslieder, Sonnenlieder, Beatles-Songs und Kanons.

Achtung: Wenn du einmal mit dieser Liste angefangen hast, kannst du davon ausgehen, dass sie immer länger wird. Auch den Leuten, die du zu deinem Singen einlädst, werden noch jede Menge Lieder einfallen, wenn sie ankommen. Du brauchst keine bestimmte Reihenfolge festzulegen – das gemeinsame Singen soll vor allem Spaß machen. Versuche, das Singen mit Gute-Nacht-Liedern zu beenden.

Beliebte Lieder für gemeinsame Liederabende

Wenn du die Texte und Melodien zu diesen Liedern nicht kennst, hör dich bei deiner Familie und Freunden um. Irgendjemand wird sie dir beibringen können.

Guten Abend, euch allen hier beisamm'
Yellow Submarine (und andere Beatles-Songs)
What shall we do with the drunken sailor
O du lieber Augustin
Bolle reiste jüngst zu Pfingsten
Ein Mann, der sich Kolumbus nannt
In einen Harung jung und stramm
Die Affen rasen durch den Wald
Wir lieben die Stürme
Laurentia, liebe Laurentia mein
Kum ba yah, my Lord
Ade zur guten Nacht
Weißt du, wieviel Sternlein stehen
Jetzt gehen wir wieder heim

© Verlag an der Ruhr · Postfach 10 22 51 · 45422 Mülheim an der Ruhr · www.verlagruhr.de

Strophe und Refrain

Eine Strophe kommt meist vor dem Refrain. Jede Strophe hat immer einen anderen Text. Der Refrain ist der Teil des Liedes, der nach jeder Strophe kommt und sich immer wiederholt.

In dem Lied *Es, es, es und es* beginnt der Vers mit „*Es, es, es und es, es ist ein harter Schluss.*" Der Refrain lautet: „*Ich will mein Glück probieren, marschieren.*"

Auf „*Die Affen rasen durch den Wald, der eine macht den andern kalt*" folgt der Refrain „*Die ganze Affenbande brüllt ...* ".

Gemeinsam Singen und gemeinsam Essen

Singen macht hungrig und durstig, deshalb solltest du für eurer gemeinsames Singen ein paar Happen zu essen vorbereiten.

Wenn du deinen Imbiss servierst, könntest du deine Gäste bitten, alle Melodien zu singen, die sie aus der Fernsehwerbung kennen. Die Musik aus Werbespots nennt man Jingles (sprich Dschingels) und den meisten Leuten macht es Spaß, sich an all ihre albernen Worte und Melodien zu erinnern. Finde heraus, ob die Leute sich entsinnen, welcher Jingle zu welchem Produkt gehört. Manchmal ist die Musik wirkungsvoller als der Name des Produkts.

Musikalische Reise nach Jerusalem

Bei diesem Spiel geht es nicht so hektisch zu wie bei der „Reise nach Jerusalem", wie du sie kennst. Hier gehst du mit deinen Freunden so lange im Kreis herum, bis die Musik anhält. Sobald die Musik stoppt, lasst ihr euch alle zu Boden fallen. Wer sich zuletzt fallen lässt, scheidet aus, ebenso wie alle, die sich hinsetzen, während die Musik noch spielt. Spielt so lange, bis ihr einen Sieger habt. Und dann fangt ihr wieder von vorne an, nur so zum Spaß.

© Verlag an der Ruhr · Postfach 10 22 51 · 45422 Mülheim an der Ruhr · www.verlagruhr.de

Ein Varieté in der Küche

Ein Varieté wird normalerweise auf einer kleinen Bühne aufgeführt und oft essen und trinken die Zuschauer während der Vorstellung. Zuhause sind die Küche oder das Esszimmer bestens für Varietévorstellungen geeignet.

Das Programm

Das Programm zusammenzustellen macht großen Spaß, denn eine Varietévorstellung ist eine bunte Mischung aus Theater, Zirkus und Konzert. Ein lustiges Lied, ein Liebeslied, eine Bemerkung über das Leben an sich, ein paar Witze – beim Varieté ist Platz für viele Arten von Unterhaltung.

Meine Damen und Herren ...

Beim Varieté gibt es immer einen Ansager, der die Darsteller ankündigt und das Publikum zu Applaus ermuntert. Wechselt euch ab, wenn es mehr als einen Interessenten für den Ansagerposten gibt.

Es ist mir ein besonderes Vergnügen ...

Wenn du das Programm tagsüber zusammenstellst und vorbereitest, kannst du deine Familie abends damit überraschen. Nehmen wir mal an, dass das Abendbrot beendet ist, aber der Nachtisch noch nicht auf dem Tisch steht. Du räumst schnell das Geschirr ab, stellst einen Barhocker für die Darsteller auf (wenn du einen hast; wenn nicht, müssen die Darsteller stehen) und bittest das Publikum, wieder Platz zu nehmen. Wenn sie Tee oder Kaffee trinken wollen, sorgst du dafür, dass sie vor Beginn der Vorstellung welchen bekommen.

Dann bittet der Ansager alle Anwesenden um Aufmerksamkeit:

Guten Abend, meine sehr verehrten Damen und Herren, guten Abend, Bello. Ich heiße Sie alle ganz herzlich willkommen zum Wagner-Küchen-Varieté. Hier finden Sie alles, was in der Unterhaltungsbranche Rang und Namen hat. Wir freuen uns, Ihnen heute Abend einige ganz besondere Gäste vorstellen zu dürfen und beginnen mit einer außerordentlich begabten jungen Dame, die wir alle kennen und lieben. Sie sehen sie dort drüben an der Mikrowelle. Freuen Sie sich auf eine besonders herzerwärmende Vorstellung. Bühne frei für: Tinaaaa!

Die Nummern

Die Lieder und die verschiedenen Fertigkeiten, die du gelernt hast – Playback, Alleinunterhalter mit selbst gebauten Instrumenten, Doo-Wop oder Jug-Band-Musik, Scat-Gesang, sogar die eine oder andere Tierimitation oder ein paar Witze – machen sich sehr gut im Varieté-Programm. Alles ist erlaubt, solange damit eine besondere Fähigkeit vorgeführt wird.

Das Erfolgsgeheimnis ist der Ansager, der nach jeder Nummer den Applaus anheizt. Er sagt zum Beispiel: „Hey, das war toll, Tina! Wir wussten gar nicht, dass *Schneeflöckchen, Weißröckchen* sich so hinreißend anhört als Rock-'n'-Roll-Nummer! Bitte, meine Damen und Herren: einen Riesenapplaus für Tinaaaa!"

Nach der Varietévorstellung dankt der Ansager den Darstellern und dem Publikum. „Ihr ward wunderbar, alle miteinander – und war dieser Kartentrick nicht von Onkel Hans?"

Eine Familientradition

So ein Küchen-Varieté kann eine wunderbare und einzigartige Familientradition werden. Besonders lustig wird es, wenn Cousins, Cousinen, Tanten, Onkel und Großeltern zu Besuch kommen. Es ist außerdem eine gute Gelegenheit, Oma und Opa ihr ganz besonderes Lied zu singen – eins, das zu der Zeit ein Hit war, als sie sich kennenlernten. Wenn ihr eine Videokamera zu Hause habt, könnt ihr eine solche Show sogar für die Nachwelt festhalten!

© Verlag an der Ruhr · Postfach 10 22 51 · 45422 Mülheim an der Ruhr · www.verlagruhr.de

Alte Handwerks- bräuche

Viele Lieder, die wir heute noch singen, erzählen von Bräuchen und Sitten, die es heute kaum noch gibt, die aber in der Vergangenheit das alltägliche Leben prägten. Dazu gehören Handwerkslieder und Wanderlieder.
In diesem Abschnitt erfährst du etwas darüber, wie es früher einmal war.

Wer macht was?

Viele Gegenstände und Nahrungsmittel, die heute in Fabriken hergestellt werden, wurden früher von Handwerkern gemacht. Sieh dich in eurem Haus um und überlege gemeinsam mit deinen Freunden oder deiner Familie, welcher Handwerker für die Sachen zuständig war, die euch umgeben. Wer hat damals Tische und Stühle gebaut? Bei wem bekam man Kleider und Hüte? Oder Töpfe und Pfannen? Wer hat dafür gesorgt, dass Scheiben in die Fenster kamen? Ihr findet sicherlich viele unterschied- liche Handwerke, die es heute gar nicht mehr gibt oder die sehr selten geworden sind.

Auf Wanderschaft

Früher war es in vielen europäischen Ländern üblich, dass sich junge Männer, die ihre Zeit als Handwerks- lehrlinge beendet hatten und nun Gesellen waren, auf die Wander- schaft begaben: Sie gingen auf die Walz, wie man auch sagte. Sie sollten sich in anderen Gegenden Arbeit suchen und zwar mussten sie sich dabei mindestens 50 km von ihrem Heimatort entfernen. Auf diese Weise sollten sie fremde Arbeitsweisen kennen lernen, bevor sie einige Jahre später in die Heimat zurückkehrten. Diese Wanderzeit war Pflicht: Sie galt als Voraussetzung für die Zulassung als Hand- werksmeister.
Allerdings gingen nicht alle Handwerks- burschen auf die Walz.

Es gab auch Landstriche, in denen bestimmte Handwerksberufe als „gesperrte Handwerke" galten und mit einem Wanderverbot belegt waren. Dadurch wollte man verhindern, dass bestimmte Arbeitstechniken an Fremde verraten wurden. Die Herstellung von Porzellan zum Beispiel war sehr kompliziert und das Wissen darüber war ein sorgsam gehütetes Geheimnis und sollte nicht durch die wandernden Gesellen weitergetragen werden. Ebenso kann man sich vorstellen, dass Mälzer, die für die Malzbereitung beim Bierbrauen zuständig waren, und auch Bierbrauer ihre Rezepte nicht gerne an durchreisende Burschen weitergeben wollten.
Es waren vor allem die Bauleute, die auf Wanderschaft gingen, die Zimmerleute, die Dachdecker, die Maurer.

Wenn sie in einer fremden Stadt ankamen, durften sie sich ihren Lehrherrn allerdings nicht selbst aussuchen, sondern wurden den Meistern, die in der Stadt wohnten, zugeteilt. Oft arbeiteten sie nicht nur unter der Führung ihres Meisters, sondern lebten auch mit ihm und seiner Familie im gleichen Haushalt. Und wenn die Frau Meisterin eine unfreundliche Person und auch noch eine miserable Köchin war, dann hatten sie Pech!
Es war nämlich gar nicht so einfach, einen neuen Meister (und hoffentlich eine nettere Frau Meisterin) zu finden: Wer sich von seinem zuge- wiesenen Meister trennte, musste zugleich auch die Stadt verlassen, weiterwandern und an einem anderen Ort sein Glück versuchen. Von einer solchen Trennung erzählt das Lied *Es, es, es und es*, aber man hat nicht den Eindruck, dass dem Gesellen der bevorstehende Abschied großen Schmerz bereitet.

♪ **Es, es, es und es**

Es, es, es und es,
es ist ein harter Schluss,
weil, weil, weil und weil,
weil ich aus Frankfurt muss!
Drum schlag ich Frankfurt aus dem Sinn
und wende mich, Gott weiß, wohin.
Ich will mein Glück probieren,
marschieren.

Er, er, er und er,
Herr Meister, leb er wohl!
Er, er, er und er,
Herr Meister, leb er wohl!
Ich sag's ihm grad frei ins Gesicht,
seine Arbeit, die gefällt mir nicht.
Ich will mein Glück probieren,
marschieren.

Sie, sie, sie und sie,
Frau Meis'trin, leb sie wohl!
Sie, sie, sie und sie,
Frau Meis'trin, leb sie wohl!
Ich sag ihr grad frei ins Gesicht,
ihr Speck und Kraut, das schmeckt mir nicht.
Ich will mein Glück probieren,
marschieren.

Ihr, ihr, ihr und ihr,
ihr Jungfern, lebet wohl!
Ihr, ihr, ihr und ihr,
ihr Jungfern, lebet wohl!
Ich wünsche euch zu guter Letzt
Ein' Andern, der mein' Stell ersetzt.
Ich will mein Glück probieren,
marschieren.

Ihr, ihr, ihr und ihr,
ihr Brüder, lebet wohl!
Ihr, ihr, ihr und ihr,
ihr Brüder, lebet wohl!
Hab ich euch was zu Leid getan,
so bitt ich um Verzeihung an.
Ich will mein Glück probieren,
marschieren. ♪

Die Brüder, von denen sich der Handwerksbursche, hier verabschiedet, sind keine Familienmitglieder, sondern Angehörige einer so genannten Gesellenbruderschaft. Das war eine Gemeinschaft von Gesellen, die sich gegenseitig halfen, wenn jemand krank wurde oder in Not geriet.

© Verlag an der Ruhr · Postfach 10 22 51 · 45422 Mülheim an der Ruhr · www.verlagruhr.de

Heiteres Beruferaten

Mit Freunden und Familie macht dieses Spiel viel Spaß und endet meist mit großem Gelächter. Fallen euch typische Handbewegungen ein, an denen eure Mitspieler erkennen können, welches Handwerk ihr ausübt? Hier sind ein paar Tipps: Der Schneider stichelt mit Nadel und Faden, der Zimmermann sägt die Balken für den Hausbau, der Bäcker knetet den Teig für Brot und Kuchen und der Maurer klopft einen Ziegelstein fest.

Wer will fleißige Handwerker sehn

In diesem bekannten Kinderlied werden Handwerksberufe vorgestellt und nicht nur von Gesten, sondern auch von den passenden Geräuschen begleitet. Singt das Lied zusammen und ahmt die Bewegungen nach, die im Text erwähnt werden.

♪ *Wer will fleißige Handwerker sehn,
der muss zu uns Kindern gehen.
Stein auf Stein, Stein auf Stein,
das Häuschen wird bald fertig sein.
Stein auf Stein, Stein auf Stein,
das Häuschen wird bald fertig sein.*

*Wer will fleißige Handwerker sehn,
der muss zu uns Kindern gehen.
O wie fein! O wie fein!
Der Glaser setzt die Scheiben ein.
O wie fein! O wie fein!
Der Glaser setzt die Scheiben ein.*

*Wer will fleißige Handwerker sehn,
der muss zu uns Kindern gehen.
Zisch, zisch, zisch! Zisch, zisch, zisch!
Der Schreiner hobelt glatt den Tisch.
Zisch, zisch, zisch! Zisch, zisch, zisch!
Der Schreiner hobelt glatt den Tisch.*

*Wer will fleißige Handwerker sehn,
der muss zu uns Kindern gehen.
Tauchet ein! Tauchet ein!
Der Maler streicht die Wände fein.
Tauchet ein! Tauchet ein!
Der Maler streicht die Wände fein.*

*Wer will fleißige Handwerker sehn,
der muss zu uns Kindern gehen.
Poch, poch, poch! Poch, poch, poch!
Der Schuster schustert zu das Loch.
Poch, poch, poch! Poch, poch, poch!
Der Schuster schustert zu das Loch.*

*Wer will fleißige Handwerker sehn,
der muss zu uns Kindern gehen.
Stich, stich, stich! Stich, stich, stich!
Der Schneider näht ein Kleid für mich.
Stich, stich, stich! Stich, stich, stich!
Der Schneider näht ein Kleid für mich.*

*Wer will fleißige Handwerker sehn,
der muss zu uns Kindern gehen.
Rühre fein! Rühre fein!
Der Kuchen wird bald fertig sein.
Rühre fein! Rühre fein!
Der Kuchen wird bald fertig sein.* ♪

Fallen euch noch mehr Strophen ein?

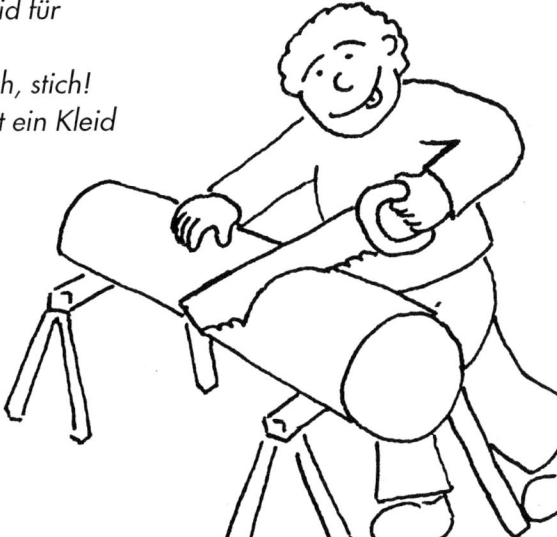

So lebten die Handwerker

Wenn ihr euch für Handwerke und Herstellungsweisen von früher interessiert, ist ein Ausflug in ein Freilichtmuseum eine gute Idee. (Fragt beim Fremdenverkehrsbüro eurer Stadt, ob es in eurer Nähe ein solches Museum gibt. Wenn nicht, gibt es sicherlich eine alte Papiermühle, einen Schmiedehammer oder andere Handwerksbetriebe, die ihr besichtigen könnt.) Dort findet ihr Wohnhäuser, Handwerksbetriebe und technische Anlagen aus der Vergangenheit, die an ihrem ursprünglichen Standort abgebaut und auf dem Museumsgelände wieder aufgebaut wurden. Man kann sich Werkzeuge ansehen und bei Vorführungen herausfinden, wie die Arbeit eines Bäckers, eines Böttchers oder eines Wagners ablief. Und manchmal gibt es sogar die Möglichkeit, selbst so zu arbeiten, wie es die Handwerker vor langer Zeit getan haben. Außerdem kann man den ganzen Tag umherwandern und bekommt ein Gefühl dafür, wie der Alltag der Menschen damals ausgesehen hat. Und noch etwas zum Stichwort „umherwandern": wie wär's mit einem Wanderlied, wie es die Wandergesellen früher unterwegs gesungen haben? Ihr werdet sehen: es wandert sich leichter, wenn man dabei singt!

♪ ***Schön ist die Welt***
Schön ist die Welt,
drum Brüder, lasst uns reisen
wohl in die weite Welt, wohl in die
weite Welt.

Wir sind nicht stolz,
wir brauchen keine Pferde,
die uns von dannen ziehn, die uns
von dannen ziehn.

Wir steigen froh
auf Berge und auf Hügel,
wo uns die Sonne sticht, wo uns die
Sonne sticht.

Wir laben uns
an jeder Felsenquelle,
wo frisches Wasser fließt, wo
frisches Wasser fließt.

Wir reisen fort
von einer Stadt zur andern,
wohin es uns gefällt, wohin es uns
gefällt. ♪

© Verlag an der Ruhr · Postfach 10 22 51 · 45422 Mülheim an der Ruhr · www.verlagruhr.de

Ein Beatnik-Café in der Garage

Und noch ein bisschen Geschichte: vor langer, langer Zeit, in den Fünfzigerjahren, vielleicht sogar bevor deine Eltern geboren wurden und noch vor der Zeit der „Hippies", da gab es in Amerika die *Beatniks* (sprich bietnicks).
Was ein Beatnik ist, möchtest du wissen? Ein Beatnik war jemand, der sich für den tieferen Sinn des Lebens interessierte und nicht so sehr für Geld oder für Sachen, die man mit Geld kaufen kann. Die Beatniks (man nannte sie auch die Beat-Generation) versuchten, das Leben dadurch zu ergründen, dass sie Lieder und Gedichte schrieben und sangen.
Sie trafen sich in Cafés oder Kaffeehäusern, wo sie ihren

Gefühlen Ausdruck verliehen. Zum pulsierenden Rhythmus der Bongos lasen sie ihre Gedichte vor und sangen ihre Lieder.
Heute gibt es an manchen Orten wieder Kaffeehäuser. Wie es scheint, versuchen die Leute immer noch, Gedichte zu schreiben und Lieder zu komponieren, um dem Sinn des Lebens auf die Spur zu kommen!
Du kannst dein eigenes Beatnik-Café eröffnen, dort Lieder und Gedichte vortragen und so die Zeit der Beatniks heraufbeschwören.
P.S. Obwohl die echten Beatniks wenig Interesse an Geld hatten, kannst du diese Aktivität dazu benutzen, Geld zu sammeln. Viele Erwachsene werden sich die Gelegenheit gerne ein paar Cent kosten lassen, in deinem Café eine Zeitreise in die Vergangenheit zu unternehmen.

Der Beatnik-Look

Da die Beatniks sehr ernsthafte Leute waren, trugen sie meist schwarze Sachen, vor allem schwarze Rollkragenpullover und schwarze Jeans. Zu ihrer einfachen Kleidung passten Sandalen und eine Baskenmütze als Kopfbedeckung. Einige von ihnen, Frauen wie Männer, hatten Ketten aus getrockneten Samenkörnern um den Hals, wie sie Eingeborene oft tragen. Die Beatnik-Männer hatten häufig einen Bart.

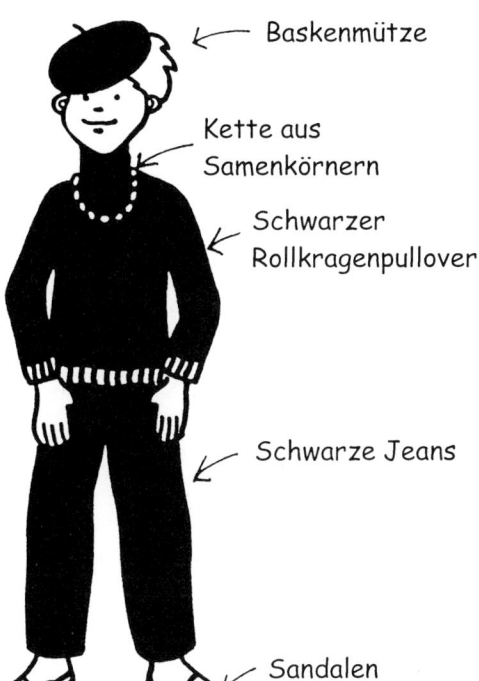

Baskenmütze
Kette aus Samenkörnern
Schwarzer Rollkragenpullover
Schwarze Jeans
Sandalen

Erdnussschalen auf dem Boden

Die Beatnik-Cafés waren nicht besonders schick. Jeder, auch Leute mit wenig Geld, konnte in solch ein Café gehen, stundenlang dort sitzen, Espresso trinken und sich Gedichte anhören. Deine Garage ist der ideale Ort, um ein Beatnik-Café zu eröffnen. Ein Campingtisch oder ein Karton mit einem Kopfkissenbezug als Tischdecke und ein paar Klappstühle – mehr Mobiliar brauchst du nicht für euer Café. Wenn du einen Kassettenrekorder hast, kannst du im Hintergrund coole Jazzmusik spielen. Versuche, dir Dave Brubecks *Take Five* oder eine alte Aufnahme von Stan Getz zu besorgen. Als richtiges Beatnik-Getränk empfiehlt sich (Kinder-) Kaffee. Besonders stilecht wirkt es, wenn du den Kaffee in Bechern servierst, die nicht zueinander passen. Wenn du versprichst, hinterher wieder sauber zu machen, kannst du auch Schüsseln mit ungeschälten Erdnüssen aufstellen, sodass deine Gäste gleichzeitig zuhören, nachdenken und kauen können.

© Verlag an der Ruhr · Postfach 10 22 51 · 45422 Mülheim an der Ruhr · www.verlagruhr.de

Poesie und Bongos

Die Beatnik-Poesie ist sehr tiefgründig – auch wenn sie witzig ist. Versuche, selbst einmal ein tiefgründiges Beatnik-Gedicht zu schreiben. Stell dir eine gewichtige Frage - zum Beispiel: „Was ist der Sinn des Lebens?" – und beantworte sie, entweder ganz ernsthaft oder ironisch. Das bedeutet, das deine Antwort nicht ganz ernst gemeint ist. Wir sind sicher, dass das Gedicht, das dabei herauskommt, ein richtiges Beatnik-Gedicht ist. Wenn du nachlesen willst, was die Dichter der Beat-Generation geschrieben haben, sieh dich in der Bibliothek nach Büchern von Lawrence Ferlinghetti oder Allen Ginsberg um. In deinem Café solltest du auch Bücher und Gedichte liegen haben, die deine Gäste vorlesen können, wenn ihnen der Sinn danach steht. Bitte einen Freund, dich auf der Trommel zu begleiten, wenn du dein Gedicht sprichst oder vorsingst. Du brauchst deinen Auftritt nicht zu proben – lass dich einfach von der Stimmung des Augenblicks tragen.

Gründe eine Jug-Band

Nichts Besonderes

Das Wort „jug" (sprich: dschag) kommt aus dem Englischen und bedeutet „Krug". Und wie du ja schon weißt, kann man mit Haushaltsgegenständen prima Musik machen – warum also nicht mit einem Krug? So mögen die Leute gedacht haben, als sie anfin-gen, in einen Tonkrug mit enger Öffnung hineinzublasen oder hinein-zusingen. Dabei kam ein tiefer, dumpfer Ton heraus, der wie ein Bass klang.

Die ersten Jug-Bands entstanden im 19. Jahrhundert in den Appalachen, einer Gebirgskette im Osten von Nordamerika. Die Leute, die dort wohnten, liebten die Musik, aber meist hatten sie kein Geld für Musikinstrumente oder für Musikstunden. Und sie taten genau das, was ihr auch tun könnt: Sie stellten eine Reihe von Instrumenten zusammen, die sie in ihrer Umgebung gefunden hatten und spielten ihre Musik, nur so zum Spaß.
Andere Leute hatten Spaß beim Zuhören und zwar gefiel ihnen diese Musik so gut, dass es sich schnell herumsprach. Und schon bald waren Jug-Bands im ganzen Land beliebt.

Sucht euch ein paar Pfeifen, Flaschen, Glocken und Sachen, auf denen man herumhauen kann und dann ist eure Jug-Band schon fast komplett. Ihr braucht nichts weiter als ein paar selbst gebaute Instrumente, ein paar einfache Lieder und den nötigen Schwung, um euer Publikum mitzureißen. Jug-Band-Musik lässt sich gut in der Küche oder im Garten spielen. Spielt für eure Familien, für Freunde oder für euch selbst. Oder organisiert ein Jug-Band-Picknick oder eine Jug-Band-Party, wo sich die Leute im Country-Stil anziehen und ihre eigenen, selbst gebauten Instrumente mitbringen.

© Verlag an der Ruhr • Postfach 10 22 51 • 45422 Mülheim an der Ruhr • www.verlagruhr.de

Der Jug-Band-Look

Es macht Spaß, sich so anzuziehen, wie sich die Bewohner der Appalachen für ihre Jug-Band anzogen. Jeans oder Arbeitshose, Halstuch und ein kariertes Hemd sind ideal. Auch Strohhüte, geblümte Kleider und feste Schuhe passen gut zu dieser Musik. Mit einem Augenbrauenstift könnt ihr euch ziemlich überzeugende Sommersprossen ins Gesicht malen.

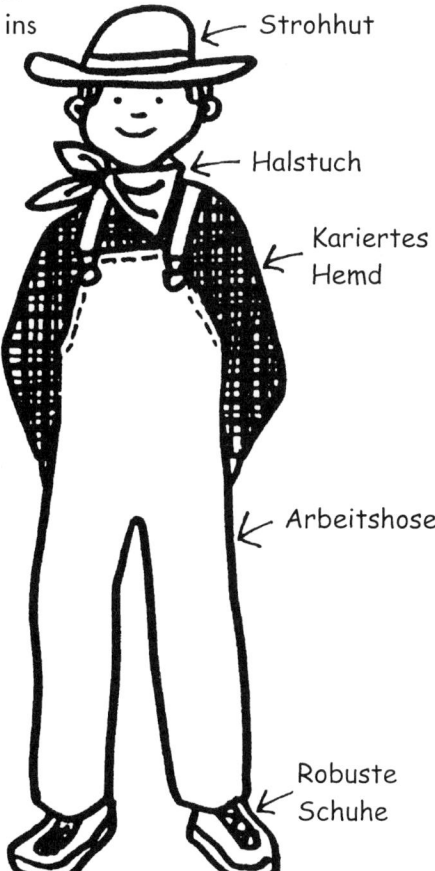

Strohhut

Halstuch

Kariertes Hemd

Arbeitshose

Robuste Schuhe

Bühne frei für die Jug-Band

Ihr müsst natürlich nicht unbedingt vor Publikum auftreten. Jug-Band-Musik macht auch einfach so Spaß. Aber noch mehr Spaß macht es, wenn ihr eure Musik mit anderen teilt. Sogar ganz kleine Kinder haben Freude an einer Jug-Band-Show. Wenn ihr ein bisschen Erfahrung habt, könnt ihr euch vielleicht sogar ein Seniorenheim oder ein Krankenhaus suchen, das sich über einen kurzen Jug-Band-Auftritt freuen würde.
Denkt euch auch einen pfiffigen Namen für eure Band aus – der Fantasie sind keine Grenzen gesetzt!

Strohhut

Sommersprossen

Geflochtene Zöpfe mit Schleifchen

Geblümtes Kleid

Feste Schuhe

Lieder für die Jug-Band

Hier sind ein paar Vorschläge für Lieder, die sehr gut für einen Auftritt eurer Jug-Band geeignet sind. Sie sind leicht zu singen und zu spielen. Haltet den Takt, indem ihr mit den Füßen stampft, schlagt euch auf die Knie oder klatscht im Rhythmus mit.

Die Affen rasen durch den Wald
Meine Tante aus Marokko
Ein Mann, der sich Kolumbus nannt
Heiße, Kathreinerle
Old MacDonald hat 'ne Farm

Begrüßungslied

Wenn sich euer Publikum versammelt hat, könnt ihr die Vorstellung vielleicht mit einem Begrüßungslied beginnen. Eure Zuhörer werden die Melodie sicher erkennen: Sie gehört zu dem Lied vom Harung, und das „zwo, drei, vier: Ss-ta-ta, ti-ral-la-la" und den Refrain können sie bestimmt schon bei der zweiten Strophe mitsingen. Auf diese Weise kommen alle in die richtige Stimmung für ein schwungvolles Jug-Band-Konzert.

♪ *Wir haben uns auf euch gefreut,*
zwo, drei, vier: Ss-ta-ta, ti-ral-la-la,
nun seid ihr da, ihr lieben Leut,
zwo, drei, vier: Ss-ta-ta, ti-ral-la-la,
nun woll'n wir musizieren,
uns amüsieren,
uns amüsieren,
nun woll'n wir musizieren,
uns amüsieren.

Wie schön, dass ihr gekommen seid,
zwo, drei, vier: Ss-ta-ta, ti-ral-la-la,
wir wünschen euch 'ne gute Zeit,
zwo, drei, vier: Ss-ta-ta, ti-ral-la-la,
wir wollen musizieren,
uns amüsieren,
uns amüsieren,
wir wollen musizieren,
uns amüsieren.

Zu Flötenton und Trommelklang,
zwo, drei, vier: Ss-ta-ta, ti-ral-la-la,
gibt's lauten, lustigen Gesang,
zwo, drei, vier: Ss-ta-ta, ti-ral-la-la,
wir wollen musizieren,
uns amüsieren,
uns amüsieren,
nun woll'n wir musizieren,
uns amüsieren.

Wer Lust hat, der stimmt einfach ein,
zwo, drei, vier: Ss-ta-ta, ti-ral-la-la,
und singt mit uns, so soll es sein,
zwo, drei, vier: Ss-ta-ta, ti-ral-la-la,
wir wollen musizieren,
uns amüsieren,
uns amüsieren,
nun woll'n wir musizieren,
uns amüsieren. ♪

© Verlag an der Ruhr · Postfach 10 22 51 · 45422 Mülheim an der Ruhr · www.verlagruhr.de

Meine Tante aus Marokko

Dieses Lied wird schon seit über hundert Jahren von Jug-Bands in Amerika gesungen. Hier ist eine deutsche Version davon. Singt es in lebhaftem 1-2-Takt und klatscht beim Singen. Und sicher klatscht und singt euer Publikum gerne mit!

♪ *Hab 'ne Tante aus Marokko und sie kommt,*
(Echo: und sie kommt)
hab 'ne Tante aus Marokko und sie kommt,
(Echo: und sie kommt)
hab 'ne Tante aus Marokko, hab 'ne Tante aus Marokko,
hab 'ne Tante aus Marokko und sie kommt. ♪

♪ Hier sind noch mehr Verse:
Und sie kommt auf zwei Kamelen, wenn sie kommt
(Echo: Oh, whao!)

Unser Hund, der wird sich freuen, wenn sie kommt
(Echo: Wau, wau!)

Und dann bringt sie auch Geschenke, wenn sie kommt
(Echo: Ahaaaa!)

Und dann backen wir 'nen Kuchen, wenn sie kommt
(Echo: Mmmmmh!)

Und dann schläft sie auf dem Sofa, wenn sie kommt
(Echo: Schnarch, schnarch!)

Und dann sind wir alle traurig, wenn sie geht
(Echo: Schnief, schnief!) ♪

Das Ganze wird noch lustiger und turbulenter, wenn ihr zwischen den Versen versucht, die Echos in der Reihenfolge zu sagen, in der sie vorkommen: „Oh, whao; wau, wau; ahaaaaa; mmmmmmh; schnarch, schnarch; schnief, schnief." Dann versucht ihr, auch noch passende Gesten hinzuzufügen. Bei „Mmmmmmh!" könnt ihr euch zum Beispiel mit der Hand auf den Bauch klopfen.

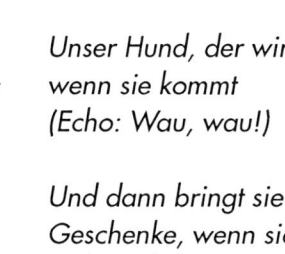

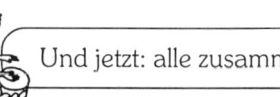

Eine musikalische Multi-Kulti-Party

Eine einzige große Familie

Nach Angaben von Mathematik-experten ist jeder Mensch mindestens als Cousin zweiunddreißigsten Grades mit jedem anderen Menschen auf der Erde verwandt! Man kann sagen, das jeder Mensch ein bisschen italienisch, amerikanisch, deutsch, englisch, chinesisch, russisch, afrikanisch, koreanisch, ungarisch, griechisch, irisch und indianisch ist. Dann nehmen wir noch polnisch, holländisch, japanisch und alle andern Nationalitäten hinzu.

Ja, die menschliche Rasse ist eine einzige riesige, gigantische, unvorstellbar große Familie. Wenn wir also das Erbe anderer Völker feiern, feiern wir auch ein winziges Stückchen unseres eigenen Erbes.

Eine Multi-Kulti-Party feiern

Wenn Leute mit ganz unterschiedlichem Hintergrund und aus ganz verschiedenen Kulturen sich gegenseitig in ihrer Andersartigkeit respektieren, etwas über die Traditionen der anderen lernen und miteinander auskommen, dann nennt man das „multikulturell". Und du kannst eine multikulturelle Party mit Musik und Tanz aus der ganzen Welt feiern! Das ist so, als würdest du die Vereinten Nationen zu dir nach Hause einladen. Bitte deine Freunde und Nachbarn, Aufnahmen ihrer Lieblingsmusik aus ihrem „Heimatland" oder ihrem Lieblingsland mitzubringen. Und vergiss nicht, ihnen zu sagen, dass sie in traditionellen Kostümen kommen können, wenn sie das möchten. Und zu guter Letzt: bitte jeden, ein traditionelles Gericht aus dem Land mitzubringen, das sie vertreten wollen.

© Verlag an der Ruhr · Postfach 10 22 51 · 45422 Mülheim an der Ruhr · www.verlagruhr.de

Eine japanische Teezeremonie mit Musik

In Japan sind das Servieren von Tee und das Teetrinken ganz besondere Tätigkeiten, besonders wenn dazu Musik gespielt wird. Du brauchst aber nicht nach Tokio zu fahren, um eine japanische Teezeremonie zu erleben. Du kannst sie bei dir zu Hause abhalten.

Du brauchst nur einen niedrigen Tisch, auf dem du den Tee servierst. (Wenn du keinen hast, bitte einen Erwachsenen, dir beim Zurechtschneiden eines großen Pappkartons zu helfen, den du als Teetisch benutzen kannst.) Du brauchst keine Stühle, denn in traditionellen japanischen Häusern sitzt man beim Teetrinken auf Kissen oder kniet auf dem Boden.

Wenn du den Tee zum Tisch bringst, stellst du ihn erst ab und machst vor deinen Gästen eine Verbeugung aus der Hüfte. Sprich denjenigen, dem du gerade Tee servierst, mit dem Vornamen an und hänge das Wort *san* daran. In der japanischen Sprache ist dies ein Zeichen von Respekt und Zuneigung. „Das ist für dich, Robert-san. Bitte sehr, Lukas-san."

Musik für die Zeremonie

Hier ist ein wunderschönes japanisches Lied aus der Region Aizu, in der es bezaubernde Landschaften mit herrlichen Seen, Bergen und Tälern gibt. Die Melodie ist zart und weich. Wenn du den Tee hereingebracht hast, kannst du dich hinsetzen und das Lied singen oder summen, während der Tee zieht. Wir haben die Melodie mit Hilfe von Smileys aufgeschrieben, um dir zu zeigen, wann sie hochgeht und wann sie hinuntergeht. Es macht nichts, wenn du keine Noten lesen kannst – lass deine Stimme einfach nach oben und nach unten gehen, so wie es die Noten tun. Dabei summst du sie so, wie du meinst, dass es richtig ist. Es wird sehr schön klingen, wenn du leise summst und dabei lächelst.

Die Melodie ist im 1-2-3-4-Takt geschrieben, der hier als 1 und 2 und 3 und 4 und angegeben ist. Einige der Smileys „halten Händchen" mit ihrem Nachbarn. Sie teilen sich ein 1 und. Alle anderen Smileys haben den vollen 1-und-Schlag ganz für sich.

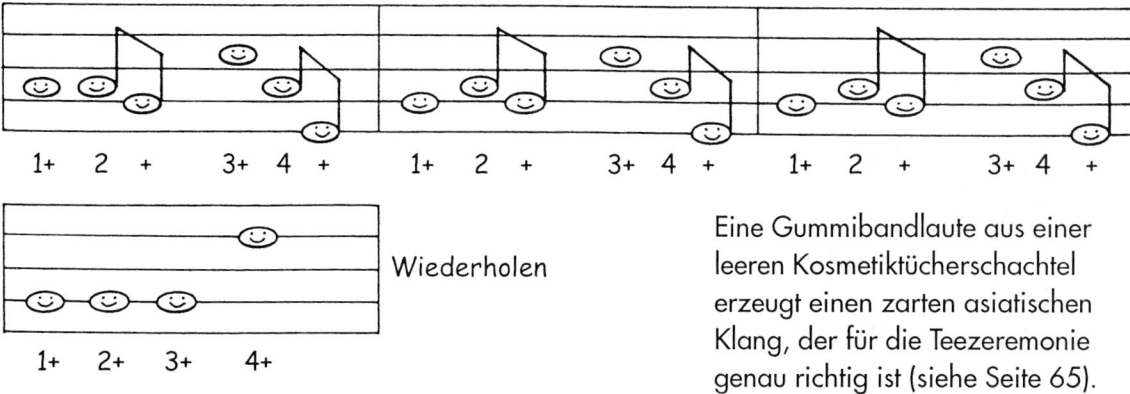

Melodie aus Aizu

Wiederholen

Eine Gummibandlaute aus einer leeren Kosmetiktücherschachtel erzeugt einen zarten asiatischen Klang, der für die Teezeremonie genau richtig ist (siehe Seite 65).

© Verlag an der Ruhr • Postfach 10 22 51 • 45422 Mülheim an der Ruhr • www.verlagruhr.de

Ein Kostüm für die Teezeremonie

In Japan tragen die Leute bei der Teezeremonie locker fallende Kleider, die man Kimonos nennt. Anstelle eines Kimonos kannst du auch einen Bademantel mit einer breiten Schärpe anziehen, die im Rücken gebunden wird.

An den Füßen trägst du Sandalen oder Schläppchen. Die Japaner haben im Haus normalerweise keine Schuhe an.

Häppchen für die Teezeremonie

Als Imbiss bei der Teezeremonie kannst du kleine Reiskuchen (gibt es in gut sortierten Supermärkten) reichen. Wenn du dünne Apfelscheiben oder geriebene Äpfel mit Zimt bestreust, hast du eine köstliche Leckerei.

© Verlag an der Ruhr · Postfach 10 22 51 · 45422 Mülheim an der Ruhr · www.verlagruhr.de

Ein russischer Tanz

Russland ist ein großes Land, wo es sehr, sehr kalt werden kann. In der Vergangenheit hatten die Leute Pferdeschlitten, auf denen sie große Entfernungen zurücklegten. Eine *Troika* ist ein Schlitten oder eine Kutsche, die von drei Pferden gezogen wird, und es ist gleichzeitig die Bezeichnung für ein berühmtes Musikstück, das für seinen Tanz bekannt ist.

Bei diesem Tanz seid ihr, deine Freunde und du, die Pferde! Die Musik für die Troika kannst du sicherlich in der Bücherei in einer Volksmusiksammlung finden. (Wahrscheinlich hast du sie auch schon mal gehört. Es ist eine lebhafte Melodie, bei der die Leute „Hey! Hey!" rufen.)

Die Troika

Zu Beginn des Tanzes stellen sich die drei Pferde nebeneinander auf. Nennen wir sie Pferd A, B und C. Ihr fangt damit an, dass ihr einen markanten, lebhaften 1 - 2 - 3 - 4 - Rhythmus klatscht.

Die Pferde fassen einander an den Händen; die ersten sechzehn Schläge lang halten sie die Hände hoch, tänzeln acht Schritte nach vorn und acht Schritte rückwärts. (Mit hochgezogenen Knien tänzeln.)

Während der nächsten acht Schläge bilden die Pferde A und B mit den Armen ein Tor, unter dem Pferd C hindurchläuft. Dabei zieht es Pferd B hinter sich her und läuft zu seinem ursprünglichen Platz zurück, während Pferd A im Takt der Musik auf der Stelle tritt.

Dieser Vorgang wird während der nächsten acht Schläge wiederholt. Diesmal läuft A unter den Armen von B und C durch.

Als Nächstes fassen sich die Pferde wieder bei den Händen und laufen 12 Schläge lang nach links. (Tipp: Der Tanz macht noch mehr Spaß, wenn es so aussieht, als würdet ihr euch gegenseitig mitziehen.)

Dann stampfen sie dreimal fest mit den Füßen auf und halten ein wenig inne, bevor sie zwölf Schläge lang nach rechts laufen. Danach stampfen sie wieder dreimal mit den Füßen auf und stellen sich dann wieder in einer Reihe nebeneinander auf, so dass der Tanz von vorne beginnen kann. Hey!

Die Tarantella aus Italien

Tarantella ist das italienische Wort für Spinne. Angeregt durch die Art, wie sich Spinnen fortbewegen, schufen die Italiener einen Volkstanz, der in der ganzen Welt bekannt ist. Bastelt euch ein paar Tamburine, die ihr beim Tanzen schlagt. Wenn ihr die Melodie nicht kennt, fragt herum oder besorgt sie euch aus der Bücherei.

Der Grundschritt

Der Grundschritt der *Tarantella* ist ganz einfach. Versucht es und ihr werdet ganz bestimmt Erfolg haben. Den rechten Fuß aufsetzen und hüpfen. Als Nächstes den linken Fuß aufsetzen und hüpfen. Aufsetzen, hüpfen, aufsetzen, hüpfen. Kapiert? Gut!

Wenn du den rechten Fuß aufsetzt und damit hüpfst, schwingst du den linken Fuß nach vorne und über Kreuz vor den rechten. Dasselbe machst du mit dem rechten Fuß, wenn du den linken Fuß aufsetzt und hüpfst.

Es ist wirklich viel schwieriger, über die Tarantella zu schreiben als sie zu tanzen!
Während deine Füße mit Aufsetzen, Hüpfen und Schwingen beschäftigt sind, hältst du deinen Oberkörper ganz aufrecht. Eine Hand ist in die Hüfte gestützt und die andere zeigt in die Luft. Im Takt zur Musik schüttelst und schlägst du dein Tamburin (siehe Seite 71).

Der Tanz

Alle Tänzer stellen sich im Kreis auf, und zwar so, dass ihr Gesicht der Mitte zugewandt ist. Acht Schläge lang geht's mit Aufsetzen und Hüpfen nach rechts und dann acht Schläge lang nach links. Dann legen alle die Hände auf den Rücken und bewegen sich mit kleinen Hüpfschritten in die Kreismitte. Dabei heben sie allmählich die Hände. Wenn sie in der Mitte angekommen sind, schlagen sie fest auf das Tamburin oder klatschen in die Hände.

Dann gehen sie wieder nach außen; wenn sie den ursprünglichen Kreis wieder hergestellt haben, bekommt das Tamburin noch einen kräftigen Schlag und der Tanz beginnt von vorne.

© Verlag an der Ruhr · Postfach 10 22 51 · 45422 Mülheim an der Ruhr · www.verlagruhr.de

Der mexikanische Huttanz

Falls du einen alten Sombrero – das ist ein großer mexikanischer Sonnenhut – auftreiben kannst, legst du ihn in die Mitte, während ihr diesen Volkstanz tanzt. Fragt doch mal einen Erwachsenen, ob er die Melodie kennt. Wenn er nicht sicher ist, können diese Zeilen helfen:

Da DUM Da DUM Da Dum!
KLATSCH-KLATSCH!
Da didl di dum da dum! KLATSCH-KLATSCH
Da DUM Da DUM Da Dum!
KLATSCH-KLATSCH!
Da didl di dum da dum!

Der Grundschritt

Mit einer einzigen hüpfenden Bewegung bringst du dein rechtes Bein nach hinten, während dein linkes Bein nach vorne kommt. Dabei zeigt die linke Ferse nach unten und nach innen, die linken Zehen zeigen nach oben und nach außen. Diese Bewegung machst du abwechselnd mit rechts und mit links, bis du ein Gefühl dafür bekommst. Bei diesem Tanz machst du drei dieser Schritte und dann klatschst du zweimal kurz in die Hände.

Wenn die Musik sich verändert, geht es rundherum im Kreis. Dabei wirbelst du auf der Stelle, erst in die eine Richtung, dann in die andere. Vom nächsten bis zum letzten Takt des Liedes kniest du dich auf dein rechtes Knie, hebst die Arme in die Luft und rufst: „Hey!"

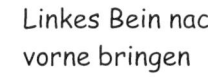

Linkes Bein nach vorne bringen

Linke Fußspitze hoch und nach außen

Linke Ferse nach unten und nach innen

Rechtes Bein nach hinten

Füße abwechseln und wiederholen

Füße abwechseln und wiederholen

 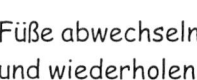

Die Hora aus Israel

Der israelische Nationaltanz ist die Hora. Dieser Tanz macht aber so viel Spaß und ist so einfach zu lernen, dass daraus ein internationaler Tanz geworden ist. Überall in der Welt feiern die Leute damit die glücklichen Ereignisse in ihrem Leben, vor allem Hochzeiten. Die Hora ist ein Kreistanz und tatsächlich ist hora ein hebräisches Wort und bedeutet „Kreis". *Hava Nagila* ist das Lied, zu dem die Hora am häufigsten getanzt wird. *Hava Nagila* ist ebenfalls hebräisch und bedeutet „lasst uns glücklich sein". In deiner Bücherei kannst du sicherlich eine Aufnahme von diesem Lied bekommen.

Die Hora

Ihr beginnt damit, dass ihr die Arme zur Seite ausstreckt und dann einen Kreis bildet, sodass jeder die Schulter oder den Ellenbogen seiner Nachbarn hält. Dann wiegen sich alle nach links und nach rechts. Wenn ihr anfangt, die Tanzschritte zu machen, geht es langsam los und wird allmählich schneller, bis ihr ganz schnell tanzt. Ihr dürft aber nicht den Kreis zerstören!
In der Mitte des Liedes tanzen alle in die Kreismitte und heben die Arme hoch in die Luft. Dann bildet ihr wieder einen Kreis und tanzt weiter.

Die Tanzschritte

Mit dem linkem Fuß einen Schritt nach links machen.
Den rechten Fuß hinter dem linken kreuzen.
Den Linken Fuß aufsetzen, den rechten Fuß anheben.
Links hüpfen, rechtes Knie anwinkeln.
Rechts hüpfen, linkes Knie anwinkeln.
Drei schnelle Schritte machen und den Tanz in die andere Richtung wiederholen.

Wenn die Musik eine Pause macht, fasst ihr euch an den Händen, tanzt mit erhobenen Armen in die Kreismitte und ruft zusammen etwas. Dann macht ihr den Kreis wieder weiter und tanzt wie zuvor.

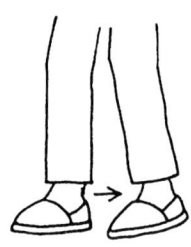

Mit linkem Fuß einen Schritt nach links machen

Rechten Fuß hinter dem linken kreuzen

Linken Fuß aufsetzen, rechten Fuß anheben

Links hüpfen, rechtes Knie anwinkeln

Rechts hüpfen, linkes Knie anwinkeln

3 schnelle Schritte machen

© Verlag an der Ruhr · Postfach 10 22 51 · 45422 Mülheim an der Ruhr · www.verlagruhr.de

Brasilianischer Karneval

Jedes Jahr gibt es in Brasilien ein riesiges Tanzfest für das ganze Land: den Karneval. Drei Tage und drei Nächte lang tanzen alle Leute – Großeltern, Eltern und Kinder! Sie tanzen in den Straßen, während die Musiker die Trommeln schlagen und Samba-, Rumba- und Bossanova-Rhythmen für die Tänzer zum Besten geben.

Viele der Tanzenden haben eigene kleine Trommeln dabei und stimmen in den Rhythmus ein. Die Karnevalstänze haben keine feste Schrittfolge und jeder kann sie tanzen. Manchmal bilden sie Tänzer so genannte *Congas*. Dabei legen sie beim Tanzen die Hände auf die Hüften des Vordermannes. Die ganze lange Schlange, die so entsteht, windet und schlängelt

sich zur Musik, während die Leute ihre Hüften mal zur einen, mal zur anderen Seite schwenken. Congas machen großen Spaß und je verrückter man dabei wird, desto besser. Dies ist die beste Gelegenheit, ein paar wilde Schreie und Kreischer loszulassen!

Karnevalskostüme

Im brasilianischen Karneval verkleiden sich die Leute nicht so wie bei uns. Die Mädchen tragen bunte, wippende Röcke und stecken sich Blumen oder Früchte ins Haar. Auch die Jungen tragen kräftige Farben und außerdem haben sie Stohhüte auf. Beim Karneval kann man nicht genug Make-up auflegen. Sogar die Männer schminken sich, wenn in Brasilien Karneval gefeiert wird.

Blumenschmuck

Aus Krepppapier und Bindedraht kannst du dir Blumen basteln, die du dir hinter die Ohren steckst. Du raffst das Krepppapier zusammen und bindest es in der Mitte mit einem Stück Draht zusammen. Wenn du kein Krepppapier hast, nimmst du ein Papiertaschentuch. Die Ecken schneidest du ab, sodass es wie ein Kreis aussieht. Dann nimmst du die Mitte zwischen zwei Finger – das ist dann die Unterseite der Blume. Mit Haarnadeln steckst du sie im Haar fest.

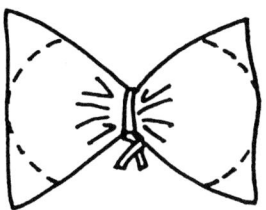

Die Mitte mit Draht bündeln

Ecken abschneiden

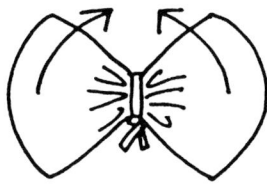

Blütenblätter von der Mitte aus nach oben zupfen

Mit Haarnadel befestigen

Die brasilianische Samba!

Willst du mit deiner Handtrommel mal was ganz Schickes ausprobieren? Dann versuch dich an diesem brasilianischen Rhythmus, der *Samba* genannt wird.

1 - 2 - 3 & 4 & 5 & 6 & 7 & 8 &

© Verlag an der Ruhr · Postfach 10 22 51 · 45422 Mülheim an der Ruhr · www.verlagruhr.de

Samstagabend in Nigeria

In Nigeria gibt es ein beliebtes Tanzlied, und das heißt *Everybody Loves Saturday Night* – alle lieben den Samstagabend! Ein Grund, weshalb die Leute es so gerne singen, ist, dass sie bei diesem Lied die Möglichkeit haben, witzige Kommentare einzuwerfen.
Der nigerianische Tanzstil schreibt dir keine Tanzschritte vor. Du tanzt einfach so, wie es dir gefällt. Du beugst die Knie und lässt Schultern und Kopf im Rhythmus der Musik wippen. Diese Art zu tanzen hat viel Ähnlichkeit mit der Art, wie die Leute in Diskotheken tanzen. In Nigeria heißt das freie Singen und Tanzen High Life (sprich hai laif)!

Alle lieben den Samstagabend!
Denkt euch eure eignen Verse aus, wenn ihr das High Life feiert! Hier sind für den Anfang ein paar Vorschläge:

♪ *Everybody loves Saturday night!*
Everybody loves Saturday night!
Mommy loves it! Daddy loves it!
Linda loves it! I love it!
Everybody loves Saturday night!

Alle lieben den Samstagabend!
Alle lieben den Samstagabend!
Mama liebt ihn! Papa liebt ihn!
Linda liebt ihn! Ich lieb ihn!
Alle lieben den Samstagabend!

Alle wippen mit den Hüften!
Alle wippen mit den Hüften!
Oma wippt! Opa wippt! Baby wippt! Ich wippe!
Alle wippen mit den Hüften! ♪

Und so weiter ...
Auf der ganzen Welt gibt es so viele wunderbare Tänze und traditionelle Lieder und Weisen. Vielleicht weiß jemand auf deiner Multi-Kulti-Party ja, wie man einen irischen „Jig" tanzt, einen griechischen „Misalou" oder traditionelle Tänze aus Schottland, Schweden oder Asien.

© Verlag an der Ruhr · Postfach 10 22 51 · 45422 Mülheim an der Ruhr · www.verlagruhr.de

Das Finale

Der Schatz

Hier sind die Worte zu einem Lied, das wir für euch alle geschrieben haben. Es drückt aus, was wir über die Musik fühlen und über den Ort, dem sie entspringt. Wir hoffen, es gefällt euch. Denkt euch eine Melodie dazu aus. Viel Spaß!

 ***Der Schatz***
Tief im Innern, gut verwahrt,
trägt jeder einen Schatz.
Er kann dir nie verloren geh'n,
er hat dort seinen Platz.

Du kannst ihn nicht betrachten,
doch du kannst sicher sein:
Er funkelt und er glitzert
wie Gold und Edelstein.

Was da so prunkvoll leuchtet
hat unschätzbaren Wert:
Dort schlummern deine Träume,
wie Samen in der Erd'.

Dort findest du die Hoffnung
und auch die Fantasie.
Das ist dein Schatz im Innern
und den verlierst du nie.

All diese Kostbarkeiten
gehören dir allein.
Doch kannst du sie auch teilen
– und wirst nicht ärmer sein.

© Verlag an der Ruhr · Postfach 10 22 51 · 45422 Mülheim an der Ruhr · www.verlagruhr.de

Zugabe

Du möchtest noch mehr über Musik herausfinden? Na, prima! Als Einstieg könntest du dir ein Instrument besorgen, das man in der Hand hält, wie eine Blockflöte oder Mundharmonika. Sie sind nicht teurer, aber sie klingen sehr schön.

Wenn du die Möglichkeit hast, ein anderes Instrument zu spielen, kannst du dich glücklich schätzen! Ein Instrument spielen zu lernen, ist ganz bestimmt die Mühe wert. Wenn du es beherrschst, kannst du dich dein ganzes Leben lang an der Gabe der Musik freuen.

Du solltest dir auf jeden Fall einen Lehrer suchen, den du wirklich magst, einen, bei dem das Lernen Spaß macht. Und dann heißt es: immer weiterspielen!

Geheimtipps für Instrumenten-Spieler

Jeder, der sich der Herausforderung stellt, ein Instrument zu lernen, hat es verdient, in diese musikalischen Geheimnisse eingeweiht zu werden!

Geheimtipp Nr. 1 – Nicht hingucken!

Zauberkünstler sagen, dass die Hand schneller ist als das Auge, und das stimmt! Wenn du ein Instrument spielst, lass deine Hände die Arbeit machen, nicht die Augen! Wir wissen, dass die Versuchung groß ist, auf die Tasten oder die Saiten zu sehen, aber glaub uns: Hingucken macht dich letzten Endes nur langsamer. Überlasse das Musikmachen deinem Gehirn und deinen Fingern, dann lernst du mehr und du lernst schneller. (Wie wär's mit einer Augenbinde, während du übst? Auf diese Weise hinderst du dich selbst daran, mit einer schlechten Gewohnheit anzufangen!)

Geheimtipp Nr. 2 – Üben kann Spaß machen

Es ist ein wohlgehütetes Geheimnis, dass Üben Spaß machen kann, wenn man mit kreativen Methoden darangeht. Du solltest jeden Tag zur selben Zeit üben und zwar zu der Zeit, die dir am besten passt. Wiederhole Sachen, die du schon kennst, bevor du dich an Neues heranwagst. Auf jeden Fall solltest du dir auch Zeit nehmen zum Herumprobieren und auch zum Improvisieren. Vielleicht entdeckst du dabei ein paar ganz coole Sachen! Wenn du mal nicht weiterkommst, stell dir einfach vor, du wärest ein großes musikalisches Genie, das mit unbeholfenen Händen wiedergeboren wurde und nun ganz von vorne anfangen muss zu lernen. Wie käme Mozart zurecht, wenn er Wurstfinger hätte und das Gitarrespielen lernen wollte? Er müsste ganz langsam anfangen und viel üben, genau wie du!

Aber der wichtigste Rat ist: teile dir beim Üben selbst jede Menge Lob aus! Sag dir: „Das kann ich!", oder: „Hey, das war gut!", oder auch: „Das ist nicht einfach, aber ich arbeite dran." Lobe dich selbst immer wieder, dann ist dir eine große Zukunft beschieden!

© Verlag an der Ruhr · Postfach 10 22 51 · 45422 Mülheim an der Ruhr · www.verlagruhr.de

Absolutes Supergeheimnis für Klavier- oder Gitarrenspieler

Klangzauber im Akkord

Ein Akkord sind drei Töne, die zusammen passen, und ob du es glaubst oder nicht: Wenn du nur drei Akkorde lernst, kannst du jede Menge Melodien spielen! Zunächst lernst du diese drei Akkorde: C, G und F (die alle zur C-Dur-Tonart gehören). Sobald du sie gut genug spielen kannst, um vom einen zum anderen zu wechseln, bist du für den Klangzauber im Akkord gerüstet! Und so geht das:

1. Du suchst dir das C auf deinem Instrument und singst es so, als wäre es der letzte Ton in einem Lied, das du spielen willst. Der letzte Ton in einem Lied lässt fast immer die Tonart erkennen, in der das Lied geschrieben ist, und du brauchst Lieder in C-Dur.

2. Nun singst du das Lied von Anfang an und spielst dabei den C-Akkord. Das wird sich eine Weile gut anhören, aber irgendwann passt es nicht mehr. Das bedeutet, dass es Zeit ist, den Akkord zu wechseln, entweder zu G oder zu F. Du singst und spielst das Lied immer wieder. Nach ein paar Versuchen bekommst du ein Gefühl dafür, wann du zu C, G oder F wechseln musst. Wenn du es immer weiter versuchst, machst du das alles bald ganz selbstverständlich – versprochen!

Liederliste für Klangzauber im Akkord

Hier sind nur ein paar der Lieder, die du mit drei Akkorden spielen kannst:

BINGO, Old MacDonald hat 'ne Farm, Es regnet, es regnet, Meine Tante aus Marokko, Happy Birthday, A B C, die Katze lief im Schnee, Es tönen die Lieder, Yellow Submarine, Auf der Mauer, auf der Lauer, Die Affen rasen durch den Wald, Winter ade, Amazing Grace (Ein schöner Tag), Schlaf, Kindlein, schlaf!, When the Saints Go Marching In, Stille Nacht, Lasst uns froh und munter sein, Im Frühtau zu Berge, Wenn ich ein Vöglein wär – und noch ungefähr eine Million mehr!

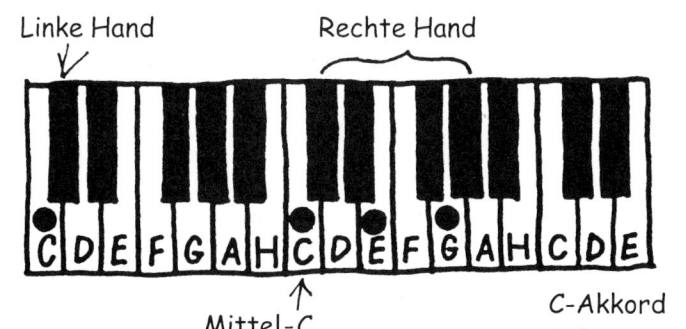

Linke Hand · Rechte Hand
Mittel-C (eingestrichenes C)
C-Akkord (CEG)

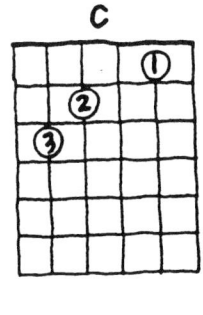

C

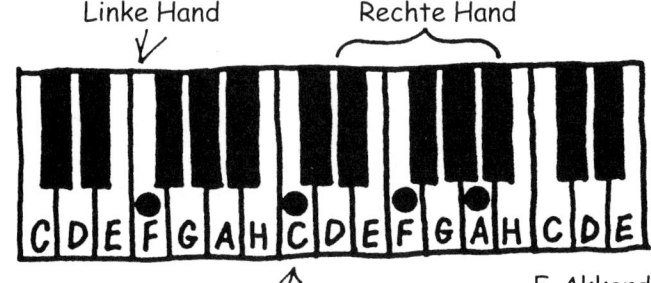

Linke Hand · Rechte Hand
Mittel-C (eingestrichenes C)
F-Akkord (CFA)

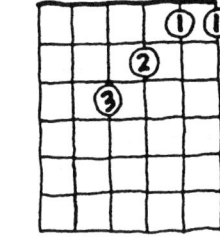

F

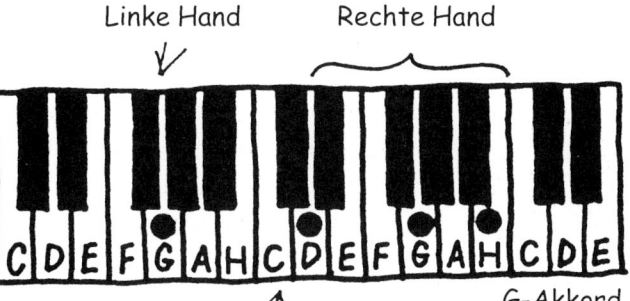

Linke Hand · Rechte Hand
Mittel-C (eingestrichenes C)
G-Akkord (DGH)

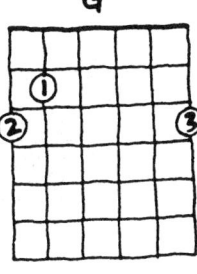

G

© Verlag an der Ruhr · Postfach 10 22 51 · 45422 Mülheim an der Ruhr · www.verlagruhr.de

Zwölftaktschema mit drei Akkorden

Auch waschechten Blues im Zwölftaktschema kannst du mit drei Akkorden spielen. Hier ist das System:

Du spielst
C auf 16 Schlägen,
F auf   8 Schlägen,
C auf   8 Schlägen,
G auf   4 Schlägen,
F auf   4 Schlägen,
C auf   4 Schlägen,
G auf   4 Schlägen.

Probier es aus, und du wirst sehen, wie einfach der Blues sein kann!

Nur für Gitarristen: ein offenes Geheimnis

Dieses Geheimnis wird dir musikalische Fähigkeiten verleihen, die du selber nicht für möglich hältst: Man nennt es *offene Stimmung* (der englische Begriff „open tuning" ist auch gebräuchlich). Die offene Stimmung ist eine Methode, die Gitarre so zu stimmen, dass ein harmonischer Klang herauskommt, egal wie du die Saiten spielst. Tatsächlich kann jeder, der eine offen gestimmte Gitarre in die Hand nimmt, gut darauf spielen! Das Erfolgsrezept liegt darin, die sechs Saiten so zu stimmen, dass sie alle wie ein großer Akkord zusammenpassen. Daran ist nichts geschummelt – es ist einfach eine andere Art zu spielen. (Die Musikgröße Richie Havens hat seine gesamte Karriere auf der offenen Stimmung aufgebaut.)

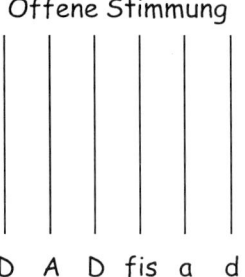

Offene Stimmung

D A D fis a d

Normale Stimmung

E A D g h e

Und so wird's gemacht

Wenn du dir die offene Stimmung zunutze machen willst, musst du drei Saiten so umstimmen, dass sie einen ganzen Ton tiefer liegen als zuvor. Die erste Saite (das ist die dickste) bringst du von E nach D; die vierte Saite bringst du von G nach Fis; die fünfte von H nach A und die letzte (die dünnste) von E nach D. Mehr steckt gar nicht dahinter.
Nun nimmst du die Gitarre und lässt die Finger über die Saiten gleiten. Urplötzlich machst du wunderbare Musik!
Um einen Akkord zu spielen, legst du vier ausgestreckte Finger dicht hinter, aber nicht auf den Bund (diese quer eingelassenen Metallstäbchen auf dem Gitarrenhals), den du gerade spielst. Zum Wechseln der Akkorde bewegst du deine Hand auf dem Gitarrenhals nach oben und nach unten.
So einfach ist das. Die offene Stimmung funktioniert wirklich. Sie funktioniert auch auf anderen Saiteninstrumenten. Wenn du also Opas alte Geige auf dem Dachboden findest, stimmst du sie offen, holst deinen Bogen heraus und fiedelst drauflos!

© Verlag an der Ruhr · Postfach 10 22 51 · 45422 Mülheim an der Ruhr · www.verlagruhr.de

Klangzauber im Akkord auf der Gitarre

Auf einer offen gestimmten Gitarre kannst du mit den Akkorden D, G und A wahre Klangzaubereien veranstalten. Den D-Akkord spielst du, ohne irgendwelche Saiten herunterzudrücken. Für den G-Akkord greifst du mit deiner Hand über den fünften Bund und für den A-Akkord greifst du über den siebten Bund. Simsalabim! Und schon kannst du Tausende von Melodien spielen.

5. Bund
Für G-Akkord hier über die Saiten greifen

7. Bund
Für A-Akkord hier über die Saiten greifen

1.
2.
3.
4.
5.
6.
7.
8.
9.
10.

Bünde

D - G - A : drei Zauberakkorde

Klavierkünste für Ungeduldige

Setz dich mal an die Tastatur irgendeines Tasteninstrumentes und spiele die schwarzen Tasten – und zwar nur die schwarzen Tasten. Die schwarzen Tasten sind geheimnisvoll und bezaubernd, sie stecken voller Magie. Du kannst ein ganzes Konzert mit ihnen gestalten.
Lass dich beim Spielen von deiner Fantasie leiten. Kannst du das Plätschern eines Bergbaches hervorzaubern? Stell dir vor, du spielst in einem Wald. Lass die schwarzen Tasten die Klänge des Waldes ringsumher nachahmen. Oder stell dir vor, du hast einen Frack an und spielst in einem großen Konzertsaal.

Der Schlüssel zum Erfolg liegt darin, dass du eine direkte Verbindung zwischen deiner Fantasie und deinen Fingern herstellst – und die schwarzen Tasten haben etwas an sich, das der Fantasie Flügel verleiht!

Lieder nur für die schwarzen Tasten

Es gibt ein paar Lieder, die du allein auf den schwarzen Tasten spielen kannst. Probier sie aus und sieh, wie einfach das Klavierspielen sein kann.

Old MacDonald hat 'ne Farm (beginnt mit fis)
Ick heff mol en Hamburg en Veermaster sehn (beginnt mit fis)
Swing Low, Sweet Chariot (beginnt mit b)
Der Flohwalzer (beginnt mit dis)

© Verlag an der Ruhr · Postfach 10 22 51 · 45422 Mülheim an der Ruhr · www.verlagruhr.de

Noten lesen, Noten schreiben, Rhythmik: das Wichtigste in Kürze

Du kannst Noten lesen – mit der Hand!

Glaub's uns: Du kannst das Notenlesen lernen und brauchst dafür nur auf deine Hände zu schauen. Wir werden es dir beweisen:

Hier ist ein Notenliniensystem, mit fünf Strichen und vier Zwischenräumen.

Hier ist eine Hand. Sie hat fünf Finger und vier Zwischenräume.

Und das ist die Verbindung zwischen beiden:

Den Noten auf den Linien gibst du die Namen E G H D F (Eselsbrücke: Ein guter Hund denkt fix.)

Den Noten in den Zwischenräumen gibst du die Namen F A C E
(Eselsbrücke: Für alle Computer-Experten)

Einen Rhythmus lesen

Klatsche zunächst einen gleichmäßigen Rhythmus von jeweils vier Schlägen. Lies dabei diese Wörter laut vor:

SCHWAN: Sag es langsam und klatsche dabei viermal. Eine ganze Note bekommt 4 Schläge.

GANS: Sag es zweimal und zähle bei jedem Mal bis 2. Das ist eine halbe Note mit 2 Schlägen.

FINK: Sag es viermal hintereinander immer auf einen Schlag. Eine Viertelnote bekommt 1 Schlag.

KUCK-KUCK: Sag es viermal ganz schnell, auf jeden Klatscher ein „Kuck-Kuck". Dies sind Achtelnoten oder halbe Schläge.

PA-PA-GEI: Einmal pro Klatscher ein „Papagei" - und du hast gerade eine Triole gesprochen, das sind drei Töne auf einen Schlag.

SCHNATTER-SCHNATTER: Sag es auf einen Schlag und du bekommst Sechzehntelnoten. Die gehen wirklich schnell!

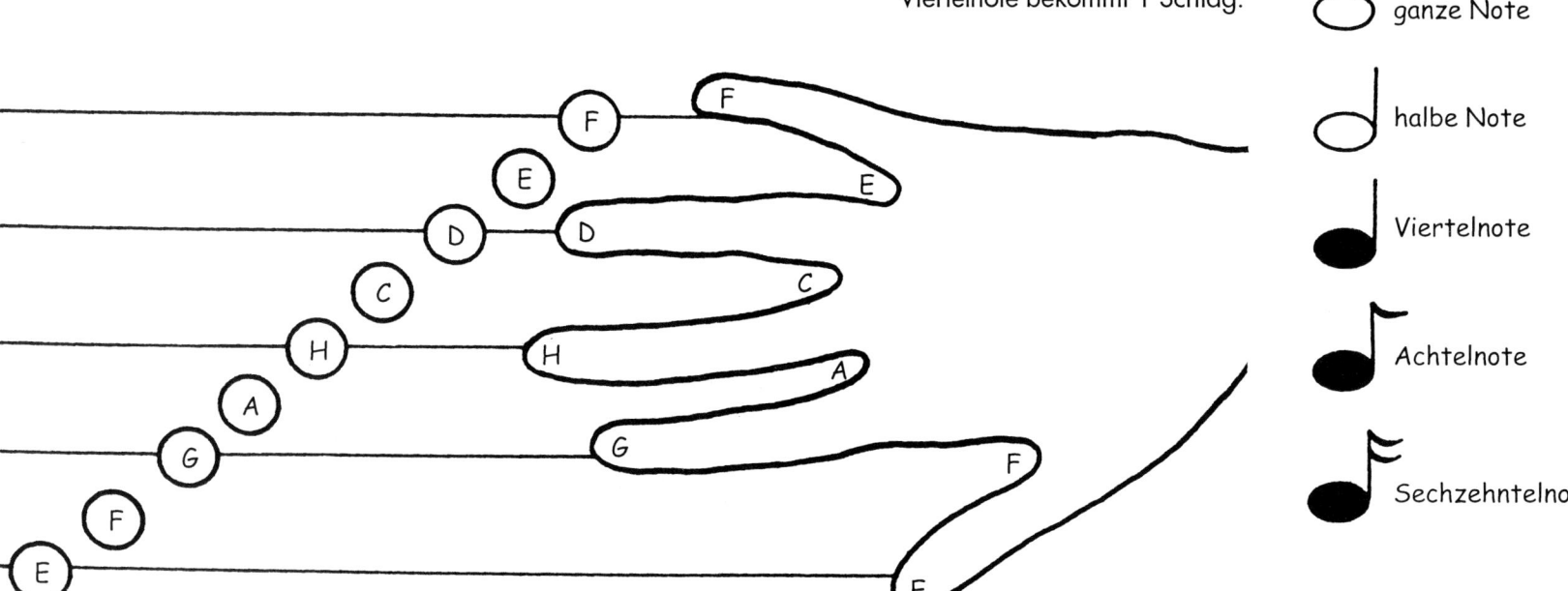

ganze Note

halbe Note

Viertelnote

Achtelnote

Sechzehntelnote

© Verlag an der Ruhr · Postfach 10 22 51 · 45422 Mülheim an der Ruhr · www.verlagruhr.de

Klar kann ich das   Kinder machen Musik

Index

Index

© Verlag an der Ruhr • Postfach 10 22 51 • 45422 Mülheim an der Ruhr • www.verlagruhr.de

Klar kann ich das · Kinder machen Musik

Index

Literaturtipps

Eine große Auswahl an Kinder-, Volks- und Fahrtenliedern und viele in diesem Buch vorkommende Lieder finden Sie in:

Pahlen, Kurt:
Das Buch der Volkslieder.
Mainz: Schott Musik International, 1998. **ISBN 3-7957-5373-2**

Weber-Kellermann, Ingeborg:
Das Buch der Kinderlieder.
Mainz: Schott Musik International, 1997. **ISBN 3-7957-2063-X**

Die Mundorgel, Notenausgabe.
Köln/Waldbröl: Mundorgel, 2001.
ISBN 3-87571-044-4

© Verlag an der Ruhr · Postfach 10 22 51 · 45422 Mülheim an der Ruhr · www.verlagruhr.de

Hören - Fühlen - Bewegen

Experimentieren und Entdecken
Eine Reise in deinen Körper

Janice VanCleave

„Warum tut Haare schneiden nicht weh?"
Wenn Kinder den eigenen Körper entdecken,
kommt man schnell in Erklärungsnöte.
Einfache Versuche erklären die Funktionen des
Körpers einleuchtend
und nachvollziehbar.

Ab Kl. 1, 118 S.,
A4-quer, Pb.
ISBN 3-86072-625-0

Best.-Nr. 2625
18,60 € [D]

Bewegen und Entspannen nach Musik
Rhythmisierungen, Bewegung
und Ausgleich in Kindergarten
und Unterricht

*Monika Schneider (Idee/Texte), Ralph Schneider
(Musik/Geräusche), Dorothee Wolters (Illustr.)*

Im schulischen Alltag des Sitzunterrichts ist das
Sich-Bewegen zumeist nicht erwünscht.
Aber nicht nur Fernsehkids oder hypermotorischen
Kindern fällt das Sitzen in der Schule schwer – alle
Kinder rebellieren gegen die unselige Allianz von
Sitzen und Lernen. „Bewegen und Entspannen nach
Musik" bietet 15 erprobte und fantasievolle Fünf-
Minuten-Geschichten von „Chili" und „Pepe".
Die rhythmische Musik illustriert die einzelnen Themen,
leitet die Bewegungsabläufe und sorgt für gute Laune
und Ausgleich. Geeignet für Grundschule, Kiga und
zu Hause.

Kiga/GS, Anleitungsbuch
mit 56 S., zahlreiche
Illustrationen und Musik-
CD
ISBN 3-86072-150-X

Best.-Nr. 2150
20,40 € [D]

Tolle Ideen
Musik aktiv zuhören

Lisa Mackenzie

Dieser Band rückt über das bewusste Zuhören und
Verstehen das Nachgestalten von musikalischen
Grundmustern in den Mittelpunkt. Zentrale musika-
lische Bausteine können die Kinder hier spielerisch
erschließen und aktiv umsetzen und dabei auch
Fachtermini lernen.
Ein Buch, das Kinder
an Musik heranführt.

8–12 J., 128 S.,
A4-quer, Pb.
ISBN 3-86072-281-6

Best.-Nr. 2281
12,70 € [D]

Sinn-Salabim

Tasten – Hören – Sehen:
Erfahrungsspiele für Kinder

Liselotte Ackermann, Bernhard Müller, Renate Urfer

Sinne und Wahrnehmungsvermögen der Kinder
verarmen immer mehr. Die Spiele für Augen, Ohren,
Hände und Füße helfen, die eigenen Sinne neu zu
entdecken und zu entfalten: Konzentrations- und
Sensibilisierungsspiele für Finger und Zehen, Tast- und
Reaktionsspiele, Gesichtsakrobatik und Körperspiele,
Raumerfahrung und Figurenspiele. Alle Spiele vertiefen
die Bereiche Tasten, Hören und Sehen und fördern so
die Wahrnehmungsfähigkeit. 380 Spiele:
von Einstiegsspielen von etwa 5–30 Minuten über
Kurzprojekte von etwa 2–3 Stunden bis hin zu
Großprojekten für einen ganzen
Tag.

(Vertrieb in der Schweiz:
sabe-Verlag, Zürich)
Kiga/GS, 224 S., A4, Pb
ISBN 3-86072-107-0

Best.-Nr. 2107
23,- € [D]

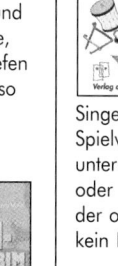

Hallo, wie geht es Dir?
Gefühle ausdrücken lernen

*Ursula Reichling (Idee und Texte),
Dorothee Wolters (Illustrationen)*

Mit den Bildkarten können Kinder erkunden, was es
alles gibt zwischen Hass und Liebe, zwischen Hauen
und Umarmen. Beim Spiel mit den Karten lernen sie
differenzierte Wahrnehmung, schulen ihr Gedächtnis
und trainieren ihre Konzentrationsfähigkeit. Wort-
schatzübungen helfen den Kindern, sich anderen
mitzuteilen.

Ab 5 J., Set in stabiler
Pappbox, Ideenheft,
40 S. mit Kopiervorlagen,
72 vierfarbige
Bildkärtchen (36 Paare)
ISBN 3-86072-180-1

Best.-Nr. 2180
20,40 € [D]

Aber ich kann doch gar nicht singen!
Musik unterrichten
für „Unmusikalische"

Jackie Silberg

Musik ist Rhythmus, Musik ist
Sprache, Musik ist Bewegung.
Singen müssen Sie nicht unbedingt. Mit den vielen
Spielvorschlägen und Ideen können auch Sie Musik
unterrichten: Die Kinder begegnen der Musik im Alltag
oder hören ihr einfach mal zu. Und mit Kassettenrekorder oder CD-Player ist auch das Einüben von Liedern
kein Problem mehr.

Ab Kl. 1, 175 S., 16 x 23 cm, Pb.
ISBN 3-86072-444-4

Best.-Nr. 2444
15,30 € [D]

Alltagsgeräusche
als Orientierungshilfen

Carola Preuß, Klaus Ruge

Vom Rauschen einer Wasserspülung über das
Brummen eines Staubsaugers bis zum Klappern der
Mülleimer – auf dieser CD sind Geräusche aus vielen
Lebensbereichen zu hören. Mit all diesen Geräuschen
werden Kinder täglich konfrontiert. Unser Geräusche-
set ermöglicht Kindern in der Freiarbeit (oder zu
Hause) Geräusche bewusst zu identifizieren und
zuzuordnen. So schulen Sie mit den „Alltagsgeräu-
schen" nicht nur differenziertes Hören. Sie sensibilisie-
ren darüber hinaus die Orientierungsfähigkeit
der Kinder. Zu jedem Geräusch gibt es eine
entsprechende Bildkarte.

Ab 5 J., CD, 28 vierfarb.
Bildkarten in stabiler
Pappbox, mit vielen
Spielhinweisen und Infos
ISBN 3-86072-289-1

Best.-Nr. 2289
15,30 € [D]

Klar kann ich das!
Schneiden, Knicken, Kleben mit Papier

Sandi Henry

Papier, Schere und Klebe – das ist die Grundaus-
stattung. Daraus basteln die Kinder fantasievolle
Kunstwerke wie Masken, Roboter, Familienwappen
und Tierfiguren. Dabei üben sie die Techniken
Schneiden, Falten,
Reißen und Kleben.

5–10 J., 158 S.,
A4-quer, Pb.
ISBN 3-86072-620-X

Best.-Nr. 2620
19,60 € [D]

 **Verlag an der Ruhr** · Postfach 102251 · D–45422 Mülheim an der Ruhr · Tel.: 0208/495040 · Fax: 0208/4950495 · E-Mail: info@verlagruhr.de · http://www.verlagruhr.de

Klar kann ich das! 10-2001